난 왜 이렇게 되는 일이 없지

난 왜 이렇게 되는 일이 없지

초판 1쇄 인쇄 2025년 7월 14일
초판 1쇄 발행 2025년 7월 21일

지은이 이현우
펴낸이 이태선
펴낸곳 창작시대사

등록번호 제2-1150호(1991년 4월 9일)
주소 경기도 고양시 일산서구 강백로20
전화 031-978-5355 **팩스** 031-973-5385
이메일 changzak@naver.com

ISBN 978-89-7447-283-2   03190

* 값은 뒤표지에 있습니다.
* 이 책의 전부 또는 일부 내용의 무단 복제와 무단 전재를 금합니다.
* 잘못된 책은 바꿔드립니다.

난 왜 이렇게 되는 일이 없지

이현우 지음

창작시대사

여는 글
왜 나는 이렇게 되는 일이 없을까?

인생을 살아가면서 누구나 한 번쯤은 자신에게 묻는 질문이 있습니다. 바로 "왜 나는 이렇게 되는 일이 없지?"라는 말이죠. 이 질문은 단순한 불만이나 좌절의 표현이 아니라, 자신의 현재 위치와 미래에 대한 깊은 고민과 기대를 담고 있습니다. 우리가 원하는 것, 꿈꾸는 것, 그리고 이루고 싶은 것들이 있는데도 불구하고, 왜 정작 그것들이 우리 곁에 오지 않는 것일까 하는 의문이죠.

이 질문은 누구에게나 공통된 감정일 수 있습니다. 때로는 직장에서의 성과, 인간관계, 재정적 안정, 또는 개인적인 성장 등 다양한 영역에서 기대와 현실 사이의 간극을 느끼면서 자연스럽게 떠오르는 말입니다. 하지만 이 질문을 던지는 것만으로는 해결책이 되지 않으며, 오히려 자신을 더 힘들게 만들 수도 있습니다. 왜냐하면, 이 질문은 종종 자신을 비하하거나, 무력감에 빠지게 하는 원인으로 작용하기 때문입니다.

그렇다면, 왜 우리는 이렇게 되는 일이 없다고 느끼는 걸까요? 그 이유는 여러 가지가 있겠지만, 가장 큰 원인 중 하나는 바로 '기대와 현실의 차이'입니다. 우리가 원하는 것과 현재의 상황이 맞지 않을 때, 자연스럽게 실망감이 생기고, 그로 인해 자신감이 떨어지기도 합니다. 또한, 주변 환경이나 사회적 조건, 또는 자신이 가진 능력과 자원에 대한 한계도 큰 영향을 미칩니다. 때로는 자신이 너무 높은 기대를 품거나, 너무 조급하게 성과를 바라기 때문에, 작은 실패나 지연도 큰 좌절로 다가오기도 합니다.

하지만 이 질문에 대한 답을 찾기 위해서는, 먼저 자신을 돌아보고, 현재의 위치를 객관적으로 바라보는 것이 중요합니다. 자신이 어떤 노력을 했는지, 어떤 부분에서 부족한 점이 있는지, 그리고 앞으로 어떤 방향으로 나아가야 하는지에 대해 깊이 생각해보는 과정이 필요합니다. 또한, 성공과 실패는 모두 성장의 일부임을 인식하는 것도 큰 도움이 됩니다. 실패를 두려워하지 않고, 그것을 통해 배우며 한 걸음씩 나아가는 자세가 중요하죠.

이와 함께, 주변의 도움과 지지를 받는 것도 큰 힘이 됩니다. 혼자서 모든 것을 해결하려고 하기보다는, 신뢰할 수 있는 사람들과 이야기를 나누고, 조언을 구하는 것도 좋은 방법입니다. 그리고 무엇보다 중요한 것은, 자신에게 너무 엄격하지 않기입니다. 누구나 실수하고, 때로는 기대에 미치지 못하는 순간이 있기 마련입니다. 그럴 때일수록 자신을 격려하고, 다시 일어설 힘을 기르는 것이 필요합니다.

　이 글을 통해 여러분이 '왜 나는 이렇게 되는 일이 없지?'라는 질문에 대해 조금 더 명확한 답을 찾고, 자신을 이해하며, 앞으로 나아갈 힘을 얻기를 바랍니다. 인생은 긴 여정이고, 때로는 멈춰서서 자신을 돌아보는 시간도 필요합니다. 중요한 것은 포기하지 않고 계속해서 도전하는 마음가짐입니다. 여러분의 꿈과 목표는 분명히 현실이 될 수 있으며, 그 길은 바로 지금부터 시작됩니다.

차 례

여는 글 | 5

제1장

01. 남은 인생을 설계하는 데 관심이 없다 | 15
02. 죽고 싶다는 말을 습관적으로 내뱉는다 | 20
03. 항상 마음이 피곤하고 지쳐 있다 | 25
04. 행복해질 수 있는 방법을 알면서도 실천하지 않는다 | 29
05. 지나치게 예민하다는 이야기를 자주 듣는다 | 34
06. 다른 사람의 의견을 지나칠 정도로 의식한다 | 39
07. 이유 없이 미운 사람이 있다 | 44

제2장

08. 중요한 것을 놓칠까 봐 항상 일찍 도착하려고 애쓴다 | 53
09. 나에게는 재수 없는 일들만 일어난다고 생각한다 | 58
10. 다른 사람들의 실패를 은근히 즐거워한다 | 63

11. 호사다마의 법칙을 믿는다 | 68

12. 남의 말에 쉽게 의기소침해지고, 결국엔 단념한다 | 72

13. 나에겐 정해진 운명이나 숙명이 있다고 믿는다 | 76

14. 항상 무언가 빼먹고 있는 듯한 느낌이다 | 81

제3장

15. 나는 항상 사람들을 기다리게 만드는 지각대장이다 | 89

16. 병이나 사고로 병원에 누워 있기를 바란다 | 93

17. 무의미하다고 생각하는 인간관계를 질질 끈다 | 97

18. 징크스와 같은 미신을 믿는다 | 102

19. 항상 어딘가에 걸려 넘어지고 물건을 떨어뜨리곤 한다 | 106

20. 권위적인 사람 앞에서는 자꾸 움츠러든다 | 110

제4장

21. 남들의 비밀이나 고백에 유달리 관심이 많다 | 117
22. 사랑받지 못하는 존재다 | 121
23. 남의 험담이나 연예인 얘기를 즐긴다 | 126
24. 언젠가 죽는다는 것이 두렵다 | 131
25. 전화번호건 해야 할 일이건 까맣게 잊어버린다 | 136
26. 회의에서 제일 먼저 질문하거나 발표하지 않는다 | 140

제5장

27. 사랑하는 사람이 죽거나 다치는 상상을 자주한다 | 149
28. 배고픈지 알기 위해 굳이 시계를 들여다본다 | 154
30. 몇 분이면 할 수 있는 간단한 일조차도 미룬다 | 158
31. 한 가지 일도 제대로 끝내지 못하고 금방 포기한다 | 162
32. 잘못한 것도 없이 일단 사과를 하거나 변명부터 한다 | 166
33. 좋은 사람이지만 때로는 냉정하고 잔인해진다 | 170

제6장

34. 단순한 일도 복잡하게 처리한다 | 179

35. 남이 알아듣지 못할 말을 중얼거리곤 한다 | 183

36. 거울에 비친 나 자신을 바라본다 | 188

37. 다른 사람의 부탁을 거절하지 못한다 | 192

38. 자신의 일을 제쳐두고 남의 일에 팔을 걷어붙인다 | 198

39. 다른 사람과 나 자신을 끊임없이 비교한다 | 202

40. 새로운 상황이 생기는 것을 바라지 않는다 | 207

제1부

01. 남은 인생을 설계하는 데 관심이 없다

고작 사흘 동안 휴가 계획을 잡는 데도 두 달을 소모하면서, 남은 인생을 설계하는 데는 거의 시간을 투자하지 않는다. 자신이 무엇을 이루고자 하는지에 대한 확실한 생각도 없고, 미래를 설계하고 준비하는 일은 무조건 뒤로 미룬다.

사람들은 대개 현재 자신이 어떤 상황에 처해 있는지 알려고 하지 않으며 과연 자신이 어떤 삶을 살아가는지 자세히 검토하는 것을 미룬다. 이제까지 자신이 어떠한 경험을 해왔으며, 무엇을 하고 무엇을 하지 않았는가를 마주 대하기가 두렵고, 소중한 인생을 낭비해온 자신의 모습을 발견하고 실망하게 될까 봐 겁이 나는 것이다.

그래서 자신의 행동에 대한 문제 제기를 피해 버린다. 대신 아무 의미 없이 흘러가 버린 자신의 과거를 합리화하기 위해서 자신의 미래를 계획하는 것마저 포기해 버린다.

이러한 사람들은 화살을 쏘아놓고는 그 화살이 떨어진 곳을 중심으로 나중에 과녁을 그려 넣기도 한다. 이렇게 하면 과녁을 못 맞추는 법이 없기 때문이다. 그러고는 자신이 표적의 중심을 맞추는 데 성공했다는 사실을 세상에 알리려고 애쓴다. 자신이 진정으로 원하는 것이 무엇인지는 거의 신경 쓰지 않으며 무엇을 맞추건 그것이 자신의 목표물이었다고 변명하고 자기와 세상을 향해 설득하려고 하는 것이다.

하지만 다른 사람이 인생을 대신 살아주는 법은 없다. 인생의 소중한 시간들을 책임질 수 있는 사람은 오직 나뿐이다. 자신을 둘러싸고 있는 외적 조건들, 즉 부모님이나 직장상사, 빈약한 가정환경과 부당한 대우, 억세게 재수 없는 운명만을 탓하며 투덜거리는 것을 그만두고 지금까지 자신이 원하는 것들을 이루어내지 못했다는 사실을 깨끗하게 인정해야 한다. 자기 스스로가 어떤 일에 책임을 진다는 것은 바로 그 순간부터 자신의 인생을 지배할 수 있다는 의미이다. 이런 것을 건너뛰고서는 그 어떤 것도 변화시킬 수 없다. 자신의 불행이 다른 사람들의 책임이라는 생각을 버릴 때 비로소 자기 인생의 주인이 될 수 있다.

과거는 잊어야 한다. 그것은 이미 지나가 버린 돌이킬 수 없는 시간들이다. 다가오는 시간에 무엇을 할 것인가, 미래에 대해서 준비하고 계획하지 않으면 과거의 기억에 얽매여 살게 된다. 현재를 희생할 만큼 중요한 과거란 없다. 마음이 괴롭더라도 현재 자신의 모습을 솔직하게 인정하는 것이야말로 과거의 실패를 극복할 수 있는 방법이다. 당신이 다섯 살이 되기도 전에 작곡을 했던 음악의 신동 모차르트와 같을 수는 없다고 해도, 70대에 그림을 시작했던 그랜드마 모시즈보다는 조건이 훨씬 나은 편이지 않은가?

불치병에 걸려 6개월의 시한부 인생을 선고받은 사람의 이야기를 읽은 적이 있다. 그는 죽음을 선고받은 뒤 꼭 6개월을 살았는데 죽을 날을 며칠 안 남겨두고 한 인터뷰에서 자신이 살았던 56년간보다도 지난 몇 달간 더 많은 일을 했다고 말했다.

확실히 인생은 일을 끝내야 할 최종 기한이 정해져 있다. 다만 우리는 언제 죽음이 다가올지 모르고 있을 뿐이다. 그런데도 사람들은 마치 자신의 인생이 끝없이 이어질 것처럼 살아가고 있다.

자신의 인생을 한결 의미 있게 만들기 위해 준비 단계로 삶의 최종 기한을 설정해보자. 그리 썩 유쾌한 일은 아니겠지만 자신이 몇 살까지 살 수 있을지, 주어진 시간이 얼마나 되는지 계산해보는 것이다.

방법은 아주 간단하다. 남자, 여자, 각각 현재 평균 나이 기준으로 숫자에서 자신의 현재 나이를 빼면 된다. 그리고 그 숫자에 365를 곱해서 나온 숫자가 바로 앞으로 자신에게 남은 다른 누구도 아닌 내가 살아가야 할 날들인 것이다. 오늘도 태양이 지고나면 당신에게 남겨진 날들 중에서 하루가 사라진다.

남은 날들을 생각해보는 것은 하루하루에 충실하고 자신의 인생을 보람 있게 사는 데 좋은 자극제가 된다. 인생의 소중한 하루를 그날 자신이 한 일과 맞바꾸고 있다는 사실을 명심하자.

인생에
운을 끌어당기는 방법 1

1. 긍정적인 태도 유지하기

   항상 밝고 긍정적인 마음가짐을 가지면 좋은 기운이 자연스럽게 흘러들어와 운이 좋아질 수 있습니다.

2. 감사하는 마음 갖기

   작은 것에도 감사하는 습관은 행복과 행운을 불러오는 힘이 있습니다.

3. 목표 설정과 계획 세우기

   명확한 목표를 세우고 체계적으로 계획하면 운이 따르게 됩니다.

4. 주변 사람들과 좋은 관계 유지하기

   긍정적인 에너지를 주고받으며 좋은 기운이 퍼집니다.

5. 자신감 갖기

   자신감은 운을 끌어당기는 중요한 요소입니다.

02. 죽고 싶다는 말을 습관적으로 내뱉는다

> 그렇게 심각할 정도는 아니지만, 만일 내가 건물의 옥상에서 뛰어내린다거나, 수면제 스무 알을 포도주와 함께 삼켜버린다면 어떨까, 약을 먹거나 물에 빠지는 방법이 덜 고통스럽진 않을까, 시체는 누가 발견하게 될까 궁금해 하기도 한다. 누가 나의 죽음을 가장 슬퍼할지, 그리고 누가 내 장례식에 참석할 것이며, 심지어 장례식에 참석한 사람들이 어떤 옷을 입고 있을 것인지에 대해서도 상상해본다.

사람은 누구나 한번쯤 지겨운 일상 탈출의 한 방법으로 자살을 꿈꾼다. 그러나 자살에 대한 생각이 계속해서 머릿속을 떠나지 않는다면, 그리 가볍게 넘길만한 일이 아니다. 이것은 우울증의 징후일 수 있다. 그러므로 이런 느낌이 든다면 가급적 빨리 전문가의 도움을 요청해야 할 것이다.

병적인 우울증 때문이 아니라면 자살을 상상하는 데는 여러 가지 이유가 있다.

우선 호기심 때문일 수가 있다. 그저 그렇게 반복되는 하루하루에 진절머리를 내면서 뭔가 색다른 변화를 원하지만 뾰족한 수가 있는 것도 아니다. 이럴 때 몸과 마음을 짓누르는 모든 것을 훌훌 털어버리고 끝장내 버리고 싶은 욕망이 마음 한구석에서 삐죽이 고개를 든다. 갈수록 복잡해져가는 현대사회 속에서 어쩌면 자살에 대한 호기심은 자연스러운 것일지도 모른다.

또한 우리는 상황이 너무 나빠져 더 이상 견디기 힘들 경우에 흔히 자살을 생각한다. 빠져나갈 탈출구가 있다는 사실만으로도 위안을 얻는 것이다. 비록 순간적으로 힘든 상황을 모면하기 위해 극단적이 방법을 사용하더라도 말이다.

주변에 대한 복수의 방법으로 자살을 생각하기도 한다. 자신의 죽음 앞에서 사람들이 죄책감이나 슬픔 속에 눈물 흘리는 모습을 상상하면서 만족감을 느끼는 것이다. 특히 주위 사람들로부터 충분히 인정받거나 사랑받지 못한다고 생각하는 사람들이 흔히 이러한 상상에 빠지곤 한다. 자신이 세상에서 완전히 사라지면 사람들이 자신의 소중함을 깨닫고, 살아 있는 동안 제대로 대해주지 못한 것을 후회하면서 괴로워할 거라고 믿는다.

"죽느냐 사느냐, 그것이 문제로다." 햄릿은 이러한 명제에 매달리다 결국 자살로 생을 마감했지만, 우리의 삶이란 그렇게 단순한 명제만으로 규정할 수 있는 것이 아니다.

자살에 대한 환상을 없애는 가장 좋은 방법은 성공한 자신의 모습을 그려보는 것이다. 일단 자신에게 '생기'를 불어넣어 줄 수 있는 목표를 설정한 후, 구체적인 계획을 세우고 스스로를 격려하는 등 모든 방법을 다 동원해서 그 목표를 향해 나아간다.

자살을 시도하는 환상에 빠지는 이유가 무엇이건, 설령 그것이 호기심에서건 아니면 일상의 지루함 때문이건 상관없이 좀 더 긍정적이고 건설적인 일에 관심을 집중해야 한다.

설령 삶이 원하는 방향으로 흘러가고 있지 않다는 절망감에 숨이 막히고, 진정한 자신이 아닌, 누군가 다른 사람을 위한 껍데기뿐인 삶을 살아가는 것 같다는 생각이 우리를 거꾸러뜨리려 한다 해도 말이다.

자살을 통해 보복을 한다는 것은 너무 어리석은 일이다. 평소 당신을 무심히 대하고 알게 모르게 상처를 입힌 사람들, 즉 처절한 복수의 대상은 당신이 죽고난지 일주일도 채 못 되어 당신을 잊어버리고 말 것이다. 하지만 당신을 사랑하는 사람들은 남은 일생 동안 왜 그런 길을 택했는지 마음 아파하며 살아갈 것이다. 결국 자신이 의도하는 것과는 정반대의 결과를 가져온다.

게다가 생각지도 않은 일이 벌어지거나 일이 잘못될 가능성도 적지 않다. 자살을 할 셈으로 빈 건물인줄 알고 차를 몰고 돌진했는데 결국 죄 없는 사람들을 죽이게 된다면 어떻게 할 것인가? 높은 곳에서 뛰어내렸다가 식물인간이 된다면 인공호흡기에 의지한 채 가족들을 괴롭히게 될 뿐이다.

  고대사회에서 죽음은 변화와 변형, 새로운 탄생을 상징했다. 그렇다면 쓸데없는 망상으로 시간을 낭비하는 대신, 죽음에 대한 환상을 창조적으로 이용하는 것은 어떨까? 어제의 나를 죽이고 오늘의 나로 다시 태어나는 것이다. 인생의 부정적인 측면들, 죄책감이나 소외감, 과대망상, 소모적인 자기 연민 등을 떨쳐버리고 자신감, 기쁨, 용기 같은 보다 바람직하고 긍정적인 자질들을 내 안에서 이끌어내는 것이다.

  .

인생에 운을 끌어당기는 방법 2

6. 꾸준한 자기개발
새로운 것을 배우고 성장하려는 자세가 운을 좋게 만듭니다.

7. 건강 관리 철저히 하기
건강은 모든 행운의 기본입니다.

8. 정리정돈 습관 들이기
깨끗하고 정돈된 환경은 긍정적인 에너지를 유도합니다.

9. 명상과 마음 다스리기
내면의 평화를 유지하면 좋은 기운이 몰려옵니다.

10. 좋은 습관 만들기
작은 습관들이 모여 큰 행운을 이끕니다.

03. 항상 마음이 피곤하고 지쳐 있다

결혼식을 코앞에 둔 상태도 아니다. 하루에 15시간씩 일하는 것도 아니며, 하루 일과가 그다지 벅차지도 않다. 인생의 중요한 순간을 넘어서고 있는 것도 아닌데, 마음이 지쳐 있다. 다른 사람들보다 훨씬 많은 에너지와 노력을 투자하는 것 같다. 어떤 날은 잠자리에서 일어나기조차 힘들다.

관심을 집중할 일이 없으면, 산만해진 정신은 고민의 가지만 무성하게 뻗치고 우리의 마음을 완전히 기진맥진하게 만들기도 한다. 적당한 열정과 흥분은 심리적 에너지의 재충전에 필요한 필수 요소이다. 그러나 방향을 잃은 열정은 에너지를 그냥 소진시킬 뿐이다. 정말 그 일에 미쳐 신이 나서 일할 때는 다른 때보다 일을 더 많이 하더라도, 비록 잠을 적게 자더라도 오히려 온몸에 생기가 넘친다.

생각은 에너지이며, 에너지를 사용하고 나서 다시 채워 넣지 않으면 지쳐 있다는 느낌이 든다. 긍정적인 생각은 긍정적인 에너지를 발산하며, 정신을 고양시킨다. 그러나 부정적인 생각은 부정적인 에너지를 발산하며, 마음을 지치게 만든다. 정신을 집중할 만한 일이 부족하면 부정적인 생각들이 머릿속을 마음껏 헤집고 돌아다닌다.

따라서 부정적인 감정에 너무 매달려 있는 것은 아닌지 살펴볼 필요가 있다. 이런 감정들은 사람을 무기력하게 만든다. 이렇게 피로가 계속 누적되고, 부정적이고 비관적인 감정들을 발산할 배출구를 찾지 못하면 몸과 마음은 더욱 가라앉기 마련이다.

자신 앞에는 온갖 '일로 가득한 접시'가 놓여 있는 것처럼 보인다. 그러나 이것은 괜한 걱정이나 공포감, 불안에서 생겨난 유령 접시인 경우가 많다. 실제로는 오히려 그 접시는 텅 비어 있다고 할 수 있다. 먹을 만한 것이 없는 쓸데없는 찌꺼기로 가득할 뿐이다.

사람들은 이런 공허감 속에서 정작 해야 할 일들은 뒤로 미룬 채 그 간격을 메우느라 정신이 없다. 그리고 하찮은 일과 사소한 것들에 집착한다. 주의를 집중할 만한 일이 없으면 공허감을 채우기 위해 대수롭지 않은 일에 몰두하는 것이다. 그리고 그럴수록 새로운 정보를 받아들이는 것이 더욱 힘들어진다.

행복한 상태로 잠자리에 든다면 잠에서 깨어날 때도 행복하고 활기가 넘친다. 그러나 삶에 생기를 불어넣어줄 에너지와 열정이 샘솟을 때까지 마냥 기다리고만 있을 수는 없다. 기다린다고 해서 저절로 생겨나는 것도 아니다. 자신이 가고자 하는 방향으로 움직일 때 비로소 의욕이 싹튼다.

때로는 에너지를 전혀 소모하지 않거나 적당히 사용하지 않기 때문에 오히려 부족해지는 경우도 있다. 하루 종일 앉아 있는 생활방식에 익숙해 있다면 이를 탈피해본다. 운동량이 부족하거나 건강에 좋지 않은 식습관 때문에 몸이 나른해지고, 이로 인해 정신적 피로감이 증가할 수도 있다. 자동차와 마찬가지로, 몸에 필요한 연료를 공급해주고 정기적으로 엔진을 점검하고 이따금 관리를 해주어야만 지속적으로 자신이 원하는 곳으로 갈 수가 있는 것이다.

　어쩌면 당신에게는 '제대로'된 휴식이 필요할 수도 있다. 그러나 자신이 정말 열심히 일하고 있지 않다거나 제대로 일하고 있는 것 같지 않다고 느끼는 사람들은 스스로 휴식을 취할 '자격'이 없다고 생각한다. 그런 생각은 버려야 한다. 무의미하다고 생각되는 일들에 파묻혀 자신을 괴롭히기보다는, 다람쥐 쳇바퀴 돌듯 하는 일상에서 며칠만 벗어난다면 새로운 힘이 솟아난다.

인생에
운을 끌어당기는 방법 3

11. 적극적인 태도 유지하기
기회를 놓치지 않도록 적극적으로 행동하세요.

12. 운세를 믿기보다 긍정적으로 생각하기
운세에 대한 믿음이 자신감을 높여줍니다.

13. 새로운 도전 시도하기
새로운 경험이 행운을 불러옵니다.

14. 주변 환경 개선하기
집이나 사무실을 쾌적하게 꾸미면 좋은 기운이 들어옵니다.

15. 좋은 음악과 향기 활용하기
편안한 분위기를 만들어 운을 끌어당깁니다.

04. 행복해질 수 있는 방법을 알면서도 실천하지 않는다

행복해지기 위해서는 어떻게 해야 하는지 알고 있다. 그렇게 하는 데 힘든 노력이 필요한 것도, 큰돈이 드는 것도 아니다. 그러나 그것을 추구하지 않는다. 아주 간단한 즐거움조차도 스스로에게 허락하지 않으면서 머릿속에는 '그럴 가치가 없어' 아니면 '나중에 할 거야'라는 생각만이 맴돈다.

우리는 대부분 길고 힘든 하루 일과가 모두 끝난 후에야 비로소 오직 자신만을 위한 시간을 준비한다. 뜨거운 욕조에 몸을 담그나, 잠깐 눈을 붙이거나 근사한 저녁식사로 고단한 하루를 정하는 것이다. 그러나 정작 이러한 욕망은 생각으로만 그치는 경우가 많다. 저녁에는 그 나름대로 해야 할 일들이 일어나기 때문이다.

그러나 이 같은 일상의 작은 행복을 위한 간단한 일들조차 뒤로 미루거나 아예 기대조차 못하는 경우도 있다. 왜 자신을 위해 짧은 시간이나마 할애하지 못하고 그렇게 바쁘게 살아가야만 하는 것일까?

그 첫 번째 이유는 자신은 충분히 휴식을 취할 자격이 있다고 생각하면서도 실제로 휴식을 취하는 것에 대해서는 죄책감을 느끼기 때문이다. 그 대신 좀 더 중요하고 생산적인 무언가를 해야 한다고 생각한다. 긴장을 풀고 휴식을 취하는 것을 재충전에 필요한 과정이라기보다는 시간 낭비쯤으로 여기는 것이다. 어떤 일을 했거나 혹은 어떤 일을 하지 않았다는 것에 대해 가책을 느끼기 때문에 이런 즐거움을 포기하기도 한다.

두 번째는 불행한 자신의 생활에 익숙해져 있기 때문이다. 즐거운 일이나 행복 자체는 중요치 않다. 중요한 것은 자신이 무엇에 익숙해 있느냐이다. 간단히 말해서, 즐기는 데 익숙하지 않은 것이다. 자신의 내면을 지배하고 있는 부정적인 감정들에 의존하면서 슬픔에서 위안을 찾고, 자기 연민과 절망 속에서 산다. 기분을 고양시키기 위한 행동은 사실상 비생산적이고 익숙하지 않다. 행복보다는 불편함에 보다 익숙하다(?).

사람들은 대부분 어떤 행동을 하는 데 반드시 동기가 있어야 한다고는 생각하지 않는다. 그러나 이 사람들은 자기가 하는 행동에 반드시 확실한 동기가 뒤따라야 한다고 여긴다. 조깅을 했으니까 저녁식사 후에 디저트를 먹는 것은 그다지 나쁘지 않다거나 '마지막 과제를 제대로 해내지 못했는데 느긋하게 목욕을 하면서 쉴 수는 없지'라고 생각하는 것이다. 목욕을 안 한다고 해서 좋은 것은 아무것도 없다.

자신만을 위한 시간을 계획하고 이것을 '사소한 일상'의 하나로 만들어보자. 자신을 돌보는 시간을 사치라고 할 수 없다. 이것은 인생을 살아가는 데 반드시 필요한 시간이다.

엔진을 꼼꼼히 점검하지도, 연료를 채우지도 않은 차를 가지고 경주에서 우승하리라고 기대할 수 있을까? '재충전'할 시간을 갖지 않고서는 최고의 역량을 발휘할 수 없다. 오히려 시간을 내서 자신을 돌볼 생각은 하지 않고 무조건 자신이 불쌍하다는 한탄만 늘어놓는 것이야말로 시간 낭비이다.

다른 누구를 탓할 일도 아니다. 자신이 먼저 스스로를 소중한 존재로 대접해야 한다.

대단히 가치 있는 그 무언가를 이룩하는 것만이 진정한 행복이라는 고정관념을 던져버리자. 지금부터 행복해지기로 결심하자. 그리고 일상의 작은 부분에서부터 만족을 느껴보자. 그저 '다음'이라는 말로 미뤄왔던 일들을 기회가 오기만을 기다리지 말고 지금 당장 시작해보자.

운동을 해야겠다는 생각이 들면 당장 내일 아침부터 체육관을 찾아가 시작하자. 직장을 옮기고 싶어 한다면 오늘 당장 새 직장을 찾아보라. 주어진 휴가를 쓰지 않고 미뤄왔다면, 가능한 한 빨리 일부라도 써버리자. 단 모든 사람에게 '편리한' 때를 택하지 말고 자신이 시간을 낼 수 있을 때를 이용한다. 시간이 날 때까지 기다리는 것과 시간을 내는 것은 다르다. 자유로운 시간이 마술처럼 눈앞에 나타나기를 바란다면 한없이 오랜 시간을 기다려야 할지도 모른다.

  자신을 행복하게 만들 수 있는 일을 알고 있다면, 그 일을 하라. 자신이나 다른 사람에게 해가 되지 않는 한, 더 이상 기다릴 이유가 없다. 그렇지 않다면 이 세상을 마감하는 그때에 이르러서야 인생에서 즐길 수 있었을 일들을 떠올리며 후회할 것이다.

인생에
운을 끌어당기는 방법 4

16. 도움을 주고받기
남을 돕는 행동이 좋은 기운을 만들어냅니다.

17. 자신만의 행운의 아이템 갖기
행운을 상징하는 물건을 소지하세요.

18. 자연과 가까이하기
자연 속에서 힐링하며 긍정적인 에너지를 충전하세요.

19. 정직하고 성실하게 살기
신뢰와 정직은 좋은 운을 부릅니다.

20. 웃음 잃지 않기
웃음은 긍정적인 기운을 증폭시킵니다.

05. 지나치게 예민하다는 이야기를 자주 듣는다

> 다른 사람이 나를 아주 조심스럽게 대해야 된다고 생각한다. 마음이 편안한 상태에 있지 않으면, 어떤 종류의 비난에도 극도로 상처받기 쉬우며, 그 비난이 친절하고 조심스러운 것이라 해도 마찬가지이다. 웃고 있다가도 단 5초 만에 울음을 터뜨리기도 한다. 사람들은 항상 내가 지나치게 민감하다고 말한다.

인생에 대처해 나가는 능력이 근본적으로 부족한 사람들이 있다. 성인으로서 성인의 세계에서 성인의 삶을 살아가고 있지만, 그 마음속에는 감정적으로 성숙되지 못한 어린아이가 있는 것이다. 물론 다른 사람들보다 더 예민한 사람들이 아주 드문 것은 아니지만, 여기에서 다루고자 하는 것은 단순히 민감한 정도를 넘어서 생활을 하는 데 어려움을 겪는 사람들이다.

이들은 대부분 자신이 처한 상황을 객관적으로 판단하지 못하고 주변에서 일어나는 모든 일들을 자신과 연결시켜 생각한다. 그리고 그 사실을 직면할 수 없기 때문에 현실에 자신이 그대로 노출되는 것을 방지하기 위해 만들어낸 자신의 이미지에 기대려 한다.

대부분의 사람들은 나이가 들면서 자기 자신에게 쏠렸던 관심이 주위와 세상으로 확대한다. 그런데 어른이 되어서도 모든 관심의 중심이 자기에만 향하는 사람도 있다.

이런 사람들은 늘 특별대우를 기대한다. 계속적 관심과 칭찬을 바라기 때문에 사소한 일에도 쉽게 분노와 패배감, 열등감 등을 느끼고 우울한 기분에 빠져든다.

다른 사람들의 의견이 지나치게 중요하다고 생각하기 때문에 지나치게 민감한 반응을 보이기도 한다. 그래서 기분이 수시로 변하며 자신이 사랑받고 보살핌을 받는다는 확신을 끊임없이 필요로 한다. 현실의 고통을 직면하고 싶어 하지 않는, 어린아이의 감정 수준에서 행동하기도 한다. 그러다 보면 자연히 정서적으로도 불안정하고, 당연히 대인관계에도 어려움을 느낀다.

또한 자신의 연약함을 세상에 드러내 보이기를 좋아한다. 자신의 아픔과 고통을 남들에게 알리기를 좋아하며 쉽게 실망해 버리곤 한다. 자신에게 동정과 관심이 필요하다는 것을 세상에 알리기 위해서는 무엇이든 한다.

책임감이라고는 전혀 없으며 그 일이 사라져버리거나 혹은 '저절로 해결되기'를 바라며 미루기도 한다. '내가 널 볼 수 없으면, 너도 날 볼 수 없어'라는 생각으로 자신의 눈을 가리키는 어린아이처럼, 자신이 나쁜 것에 대해 생각하지만 않으면 그 일이 일어나지 않을 것이라고 믿는 것이다. 질문을 너무 많이 하면 혹시 그에 대한 답변 때문에 스트레스를 받게 될까 두려워 질문을 많이 하지도 않는다.

상처받기 쉬운 연약함 때문에, 다른 사람들의 말을 재빨리 해석해 버리는 습관도 가지고 있다. 막연한 걱정이나 염려는 참을 수가 없기 때문에 스스로 그 해답을 만들어내는 것이다. 결론에 쉽게 도달하며, 그렇게 하는 과정에서 자주 오해를 하곤 한다. 그러나 현실을 있는 그대로 받아들이고, 머릿속을 떠나지 않고 괴롭히는 생각들을 외면하지 않고 그대로 직시하는 것이 가장 좋은 해결책이다. 고통스런 현실이 존재한다는 사실을 부인하게 되면 오히려 더 힘들어질 뿐이다.

우선 고양이의 죽음에서부터 실직에 이르기까지 인생의 모든 걱정거리들을 적어서 목록을 만들어보라. 이러한 작업을 통해서 적어도 두 가지의 대단한 효과를 거둘 수 있다. 하나는 그것들을 머릿속에서 끄집어내어 명확하게 그리고 더 객관적으로 볼 수 있다는 사실이다. 두 번째는, 걱정거리들을 막상 종이에 적어놓고 보면 그다지 불길하게 보이지 않을 것이며, 나아가 자신의 눈앞에 보이는 그대로 그 사실들이 자기 인생의 일부임을 스스로 인정하게 된다는 것이다. 필요할 때마다 항목을 추가하거나 삭제하면서 그 목록을 계속 작성해 나가라.

이 목록을 지니고 있으면, 이것을 자신의 머릿속을 떠나지 않고 괴롭히며 어느 순간에라도 뛰쳐나올지 모를 유령(걱정거리)이 아닌 현실적인 관심사로 인정할 수 있다.

그리고 내가 '원할 때마다' 그 목록을 들여다볼 수 있는 선택의 여지가 생긴다.

만약에 '나로서는 다른 사람들에게 인정받는 게 중요해'라고 생각하거나 다른 사람들이 자신을 어떻게 볼 것인가에 대하여 지나치게 궁금해 하는 사람은 "나에 대한 다른 사람들의 의견은 나 자신의 의견만큼 중요하지 않다"고 큰소리로 외쳐보라. 이렇게 하면 다른 사람의 말에 그것이 의도적이건 아니건 간에 불필요하게 마음의 상처를 받는 일이 없어질 것이다.

인생에 운을 끌어당기는 방법 5

21. 작은 성공도 축하하기
자신의 성취를 인정하고 기뻐하세요.

22. 꾸준한 감사 일기 쓰기
감사한 일들을 기록하면 운이 좋아집니다.

23. 주변 사람들에게 칭찬하기
긍정적인 말은 좋은 기운을 확산시킵니다.

24. 자신만의 특별한 습관 만들기
개성 있는 습관이 운을 끌어당깁니다.

25. 명한 비전 갖기
미래에 대한 희망과 목표를 분명히 하세요.

06. 다른 사람의 의견을 지나칠 정도로 의식한다

얼굴이 약간 통통해졌다는 말을 들으면 일주일 내내 기분이 언짢다. 나의 생각이나 외모, 내가 한 일에 대해서 남들이 어떻게 생각하는지 항상 궁금해 한다. 그 사람이 어떤 사람이든 주변 사람들의 의견을 모두 신중하게 받아들인다.

개나 고양이 같은 동물들은 다른 동물이 자신에 대해 어떻게 생각하는지 전혀 관심이 없다. 그러나 인간은 다른 사람들의 생각, 특히 자신에 대한 평가에 많은 관심을 기울인다.

오늘 만난 그 사람이 나를 어떻게 생각할까, 그 남자의 눈에는 어떻게 비쳤을까, 혹시 내가 실수한 것은 없을까 등등 온갖 걱정을 하면서 시간을 허비한다. 오로지 남이 나를 어떻게 생각하는지에 대해서만 관심을 갖는다. 마치 남에게 인정받는 것이 지상최대의 목표인 것 같다.

그러나 다른 사람의 말에 따라 생각이 좌지우지되고 기분이 쉴 새 없이 달라진다면, 이는 곧 자신의 가장 중요한 힘을 포기하는 것이나 다름없다. 그 속에 진정한 자신의 모습은 사라지고 없다.

그 누구의 간섭도 받지 않고 오직 나 자신의 의지대로 지배할 수 있는 유일한 것이 있다면 그건 바로 나 자신의 생각이다. 인생의 모든 일을 결정하는 것도 바로 자신의 생각일 뿐이다.

그러므로 자신의 생각이 지니고 있는 힘을 포기하는 것은, 바로 자신의 인생을 포기하는 것과 다름없다. 그렇게 되면 자신의 행복과 가치가 다른 사람의 손으로 넘어가 버리고, 다른 사람의 평가에 따라 기분이 시계추처럼 흔들릴 수밖에 없다. 누군가가 좋은 얘기를 해주면 기분이 좋아지지만, 조금이라도 부정적인 말을 하면 금세 기분이 나빠지는 것이다.

자신에 대한 이미지가 확실한 사람, 자기중심이 확고한 사람은 다른 사람의 입김에 쉽게 쓰러지지 않는 법이다. 자기 의견에 대해 자신감이 없는 사람일수록 다른 이의 의견에 집착하고 타인의 기준을 무조건 따르게 될 가능성이 높다. 타인의 비난을 피하기 위해 하고 싶지 않은 일을 하거나, 하고 싶은 일을 포기한다.

이런 사람은 남에게 쉽게 이용당한다. 다른 사람으로부터 인정받기를 원하는 나머지 자신이 원하지 않는 일마저 서슴없이 한다. 이들이 가치 있는 삶과는 거리가 먼 길을 걸어가게 되리라는 것은 두말할 나위가 없다. 자신의 기분뿐만이 아니라 자신의 인생 모두를 타인의 손에 맡겨버리기 때문이다.

결국에는 타인의 기준에 맞추어 자신의 욕구를 희생하거나 진정한 자아와는 다른 모습, 다시 말해 거짓된 모습을 만들어서라도 주위 사람의 사랑을 받으려고 한다. 그 결과 나 자신의 진정한 모습이 아닌 다른 사람들이 만들어 놓은 나의 이미지에 맞추느라 자신의 존재조차 잃어버린다.

사람들의 시선에 지나치게 민감하면 그에 맞춰 행동하고 그게 바로 자신이라고 믿어버리게 된다. 견인 지역에 불법 주차를 하는 것은 꿈도 꿀 수 없고, 가격 인하를 주장하며 시위를 하는 대열에는 결코 동참할 수 없다. 혼자서는 외식을 하는 일도 없다. 친구도 없는 사람처럼 보이는 게 싫기 때문이다.

이처럼 다른 사람의 의견에 집착하는 행동은 '고립 증후군'으로 악화될 수 있다. 이는 자신의 욕구와는 상관없이 외부의 영향이나 다른 사람의 의견에 따라 살아가는 데 지친 사람들에게 많이 나타나는 증상으로, 마치 자신이 사막에 홀로 고립되어 있거나 지구에 남은 마지막 인간이 된 듯한 상상을 한다. 이렇게 상상하면 대중의 시선으로부터 자유로울 수 있다고 생각하기 때문이다.

그러나 상상은 현실을 극복하는 데 아무런 도움이 안 된다. 다른 사람에게 조정당하는(실제로는 자기를 조정하는 사람이 아무도 없지만) 자신의 껍데기를 깨고 진정한 삶의 주인으로 당당히 서기 위해서는 주위의 시선과 평가로부터 자유로워야 한다. 그리고 자신의 솔직한 감정을 표현하는 법을 배워야 한다. 부탁을 거절하면 싫어하지 않을까 고민하지 말고 정말로 하기 싫은 일은 과감히 "안 된다"고 말할 수 있어야 한다.

어떤 결정을 해야 할 상황에 직면하면, 스스로에게 이런 질문을 던져보자.

"내가 아무 연고도 없는 외국에 혼자 살고 있다 해도 이런 결정을 내릴까?"

다른 사람의 생각이나 의견은 '참고 사항'일 뿐, 결정은 내가 하는 것이고 그 결정으로 가장 큰 영향을 받게 되는 것은 다름 아닌 내 인생임을 잊지 말아야 한다. 그리고 실제로 다른 사람들은 나의 행동에 대해 그다지 신경 쓰지 않는다는 사실을 알고 나면 더 이상 남의 평가에 연연하며 인생을 낭비하지 않을 것이다.

인생에 운을 끌어당기는 방법 6

26. 적극적인 자세로 문제 해결하기
문제를 두려워하지 말고 해결하려는 태도를 가지세요.

27. 자신을 사랑하기
자기 자신을 존중하고 사랑하는 마음이 운을 부릅니다.

28. 꾸준한 운동과 건강한 식습관
신체적 건강이 긍정적 에너지를 만들어냅니다.

29. 새로운 사람 만나기
인맥을 넓히면 새로운 기회가 찾아옵니다.

30. 자신만의 휴식 시간 갖기
스트레스를 해소하고 재충전하세요.

07. 이유 없이 미운 사람이 있다

> 특별히 잘못을 저지르지도 않았는데 괜히 싫은 사람이 있다. 어떤 때는 그 사람의 말투조차 견디기 힘들다. 가능하다면 그 사람과 만나거나 얘기를 나누는 일을 피하고 싶다.

세상에 완벽한 사람은 없다. 만나는 사람마다 모두 마음에 들어야 한다는 법 또한 없다. 그러나 때로는 '정말 사소한 것들'이 당신의 신경에 거슬리는 때가 있다.

우리는 일반적으로 자신의 단점이라고 생각하는 부분을 가지고 있는 사람에게 심한 거부감을 느낀다. 가령 게으른 사람은 게으르다고 생각하는 사람을 심하게 비난하는 경향이 있다. 이기적인 사람일수록 자기중심적인 사람을 싫어할 가능성이 많다. 타인의 모습을 통해 자신의 결점을 떠올리고, 특별히 자신에게 잘못을 한 것이 아닌데도 싫어하는 것이다.

그러므로 다른 사람에 대한 거부감은 바로 자기 자신에 대한 것일 수 있다. 자신의 결점을 인정할 수 없기 때문에 자기와 비슷한 행동을 하는 사람을 미워하는 것이다.

어떤 경우에는 "나는 저 사람의 이러저러한 점이 싫다"라고 경멸 어린 어조로 비난하지만 알고 보면 그런 비난은 그 사람의 결점과는 전혀 거리가 먼 경우도 있다. 자신의 못마땅한 부분, 즉 자신의 미운 털을 뽑아 타인에게 심어놓고 자신에게 향하는 비난의 화살을 그 사람에게로 돌리는 것이다.

때로는 과거에 좋지 않은 기억을 남겨준 사람과 비슷한 성격을 가진 사람에게 유달리 저항감을 느끼기도 한다. 그런 특성을 가진 사람만 보면 자동적으로 과거의 누군가가 연상되고, 그것이 외모이건 말투이건 자신의 마음을 불편하게 만드는 그 사람을 싫어하는 것이다.

'자신을 화나게 만드는 사람이 바로 자신을 정복하는 사람이다'라는 속담이 있다. 왜 다른 사람 때문에 자기 마음을 분노와 미움 같은 부정적인 감정들로 채우는가? 누군가를 미워하는 데 소중한 에너지를 소모하기보다는 오히려 그런 감정을 자기 성찰의 기회로 삼아야 한다. 예를 들어, 어떤 사람이 엄청나게 건방지다고 생각되면 그 사람에게 화부터 내지 말고 자신에게 이렇게 타일러보라.

"난 절대로 저렇게 건방진 사람이 되지 말아야지."

구체적으로 그 사람의 어떤 행동이 거슬리는지 잘 살펴보고, 앞으로 자신도 거만하게 행동하지는 않게 될까 생각해보고 거기에 대한 대비책을 미리 마련해두는 것이 좋다.

아니면 '역시 겸손이야말로 내가 가진 최고의 미덕이지'라고 생각하면서 그 사람과는 다른 자신만의 장점에 대해 감사하고, 그 마음을 잃지 않도록 노력하겠다고 다짐하는 것도 좋은 방법이다.

어쨌든 '밥맛없는' 행동에 대해서 화를 내기 전에, 그 주인공이 자신이 아닌 다른 사람이라는 것에 대해 감사하자. 하지만 이런 방법을 통해서도 그 사람에 대한 곱지 않은 시선을 거둘 수가 없다면 다른 방법을 시도해보자.

앞에서도 말했지만 완벽한 사람은 없다. 모든 사람은 나름대로 자신의 위치에서 최선을 다한다. 사람이라면 누구나 한두 가지 결점을 가지고 있지만, 중요한 것은 그것을 용서할 수 있는 마음이다.

다른 사람들을 용서하고 있는 그대로 받아들이려면 먼저 자기 자신에게 관대해야 한다. 자신에게는 극단적으로 비판적이면서도 다른 사람들에 호의적으로 대할 수 있다고 생각한다면 그것은 착각이다. 극단적인 것은 결코 서로 공존할 수 없다. 자신에게 엄격한 사람은 다른 사람에게도 엄격한 잣대를 들이대기 마련이다.

다음으로, 자신을 화나게 하는 사람의 장점을 찾아보라. 아무리 결점 투성이라도 존경하고 칭찬할 만한 무언가가 분명이 있을 것이다.

예를 들어, 고집이 너무 세서 어떤 말에도 끄덕하지 않는 사람이 있다고 하자. 그렇다면 그는 무슨 일이 있더라도 비밀을 지켜야 하는 일에는 적임자일 것이다. 전쟁 중에 그가 전쟁포로가 되었다고 가정하자. 나라의 운명은 그 사람이 입을 여느냐 그렇지 않느냐에 달려 있고, 적군은 그의 입을 열기 위해 심한 고문을 가할 것이다. 과연 그때 그 고집쟁이가 어떻게 행동할까?

다른 사람의 단점은 성장의 밑거름으로 삼고, 장점은 본받기 위해 노력해보라. 그것이 힘들다면 최소한 그 사람을 있는 그대로 인정하고 한결 균형 잡힌 방법으로 자신을 개발하려고 노력하라.

인생에 운을 끌어당기는 방법 7

31. 작은 일에도 최선을 다하기
성실함이 운을 끌어당깁니다.

32. 꿈과 희망을 잃지 않기
포기하지 않는 자세가 행운을 부릅니다.

33. 주변 환경에 감사하기
현재의 환경에 만족하는 마음이 운을 이끕니다.

34. 자신만의 긍정 메시지 반복하기
자신에게 힘이 되는 말을 자주 하세요.

35. 정기적으로 목표 점검하기
진행 상황을 체크하며 수정하는 습관을 가지세요.

36. 겸손한 태도 유지하기
자만하지 않고 겸손하면 좋은 기운이 몰려듭니다.

37. 주변의 아름다움 감상하기
자연과 예술을 즐기며 마음의 평화를 찾으세요.

38. 도움 요청하기 두려워하지 않기
필요할 때 도움을 구하는 것도 운을 끌어당깁니다.

39. 자신만의 행운의 색상이나 아이템 활용하기
개인적으로 의미 있는 색상이나 물건을 활용하세요.

40. 꾸준한 자기반성하기
자신의 행동과 생각을 돌아보며 성장하는 자세를 유지하세요.

제2부

08. 중요한 것을 놓칠까 봐
항상 일찍 도착하려고 애쓴다

약속시간에 늦지 않을까 걱정돼서 1시간 이상이나 일찍 약속장소에 도착한다. 교통체증 때문에 몇 분만 지체되어도 안절부절 못한다. 누군가를 5분 동안 기다리게 하기보다는 차라리 내가 20분이라도 기다리는 게 속이 편하다. 제시간에 도착하지 않으면 무언가 중요한 것을 놓칠까 봐 겁이 난다.

약속시간에 일찍 도착하는 게 도대체 무슨 문제란 말인가? 이렇게 반문을 하는 사람도 있을 것이다. 물론 약속시간에 일찍 도착하는 것은 좋은 습관이다. 하지만 때로는 이러한 습관도 경직되다보면 우리의 삶을 옭아매는 사슬이 되기도 한다.

일찍 도착해야 한다는 강박관념은 상황에 따라 다르게 분석할 수 있다. 회의나 세미나 같은 정보를 얻기 위한 모임에 가는 길이라면 무언가 중요한 정보를 놓칠까 봐 겁이 나기 때문일 것이다. 이러한 사람들은 언제나 혼자서 일을 처리하며 다른 이에게 도움을 청하거나 정보를 구하기를 꺼린다.

일찍 도착해야 한다는 강박관념은 약속을 한 상대방 때문에 생길 수도 있다. 흔히들 약속시간에 늦는 것은 예의에 어긋나는 일이기 때문에 조금 서둘러 나오는 것일 뿐이라고 이야기하지만, 대개의 경우 이러한 행동은 열등감에서 비롯된다. 다른 사람에게 불편을 끼칠 만큼 자신이 중요하거나 가치 있는 사람이라고 생각하지 않는 것이다.

특히, 이러한 열등감은 심지어 자신의 행동 때문에 다른 사람까지 화나게 만들어서는 안 된다는 강박관념으로 이어지는 경우도 종종 있다. 나약한 자신의 자아가 상처 입는 것이 두려워 다른 사람의 비난을 사는 일을 되도록 피하고 싶은 것이다.

우선 자신의 시간을 효율적으로 활용하는 습관을 기르는 것이 무엇보다도 중요하다. 여러 가지 효과적인 수단을 활용해서 자신의 시간을 평가해본다. 대차대조표, 도표 혹은 단순한 목록이라도 활용해본다. 하루 일과를 모두 적고 그 일에 따르는 긍정적인 결과를 함께 표시한다. 돈을 벌기 위한 노력은 물론이고 자신에게 조금이라도 가치가 있는 행동이라면 모두 체크한다.

예를 들어, 매일 저녁 자녀의 숙제를 검토하고 책을 읽어주는 데 30분씩을 할애한다면 그것은 심리적인 이익을 가져다주는 가치 있는 일이다. 일주일에 세 번, 1시간씩 체육관에서 운동을 한다면 그 시간은 육체적·심리적 안정에 모두 도움이 된다. 직장에서 물건을 정리하고 그날 해야 할 일을 기록하는 데 30분 정도를 할애한다면 이

것은 돈을 벌기 위한 간접투자가 된다.

특정한 활동에 대해서는 금전상의 가치를 따져보거나 '30분간의 휴식에 해당함' 등과 같이 그 행동으로 얻어지는 일반적인 이익을 적어보는 것도 괜찮은 방법이다.

그런 후에 자신이 매일하는 일 중 긍정적인 결과를 불러오는 것들을 모두 적어보라. 그러면 지금까지 생각했던 것보다 긍정적인 일들을 훨씬 많이 하고 있다는 사실을 깨달을 것이다. 자신에게 좀 더 관대하고 자신의 시간도 최소한 다른 사람의 시간만큼은 가치가 있으며 나아가 더 소중할 수도 있다는 것을 깨달아야 한다.

누군가에게 도움을 요청하는 것보다는 차라리 아주 일찍 도착하는 편이 더 낫다고 생각하는 사람이라면, 우선 남에게 좀 더 편한 마음으로 부탁을 하는 데 익숙해지려고 노력해야 한다.

책이나 비디오테이프를 빌린다든지, 누군가에게 줄 선물을 고르는 데 조언을 받을만한 편한 상대를 한 명 물색한다. 그리고 필요할 때마다 도움을 요청하거나 도움을 받아들이는 연습을 한다. 그러나 다른 사람이 나에게 해준 모든 일에 일일이 보답을 해야 한다거나 다른 사람이 자신에게 해준 것보다 더 많은 것을 그 사람에게 돌려주어야 한다는 생각은 버려라.

회의나 약속장소에 제일 먼저 도착하려고 허둥지둥 서두르면 잠깐 걸음을 멈추고 자신에게 이런 질문을 던져보자.

"만일 정각에 도착하거나 아니면 약간 늦을 경우에 일어날 수 있는 최악의 일은 무엇인가?"

이 세상이 항상 자신의 시간표에 맞춰서 움직이거나 멈추지는 않는다는 사실을 기억하자. 또한 서두르다가 일어날 수도 있는 나쁜 결과들, 이를테면 과속 딱지를 뗀다거나 사고를 낸다거나 하는 일들이 생길 수도 있다는 것을 생각해보라.

때로는 몇 분 늦게 지각을 감행(?)해보는 것도 의미 있을 것이다. 물론 애인에게 프러포즈를 한다거나, 전국에 방영하는 TV 연설을 한다거나, 중동평화조약을 체결하는 경우에는 이렇게 하면 안 되겠지만, 단지 그 영향이 자기 자신에게만 미치는 사소한 경우에는 한번 실행해볼 만하다.

자신의 능력을
제대로 발휘할 수 있는 방법 1

1. **목표 설정하기**

   명확하고 구체적인 목표를 세우면 집중력과 동기 부여가 높아집니다.

2. **계획 세우기**

   목표를 달성하기 위한 단계별 계획을 수립하세요.

3. **시간 관리 연습하기**

   우선순위를 정하고 효율적으로 시간을 배분하세요.

4. **자기 계발서 읽기**

   지식을 넓히고 새로운 아이디어를 얻을 수 있습니다.

5. **피드백 수용하기**

   타인의 의견을 겸허히 받아들이고 개선점으로 삼으세요.

09. 나에게는 재수 없는 일들만 일어난다고 생각한다

> 슈퍼마켓의 계산대에 서면 내가 서 있는 줄이 가장 느리다. 주차장에서는 바로 앞사람이 마지막으로 남아 있던 좋은 자리를 차지해 버린다. 극장에서는 머리 장식이 요란한 여자가 앞에 앉는다. 유달리 나에게만 재수 없는 일들이 일어나는 것 같다.

아무래도 자신은 남들보다 불공평한 인생을 살고 있는 것 같다. 조금만 운이 따라 줬다면 지금보다 더 멋진 일을 하고, 더 괜찮은 사람이 되어 있을 것 같은 억울한 생각이 든다. 자신의 인생은 스스로 책임져야 한다는 사실을 애써 무시하며 그저 모든 것을 운명의 탓으로 돌린다.

이러한 생각은 자신이 할 수 있었음에도 하지 '않은' 일을 변명하고 합리화하는 것에 불과하다. 자신의 인생에 대한 책임을 회피하면 타인과 동등한 위치에서 경쟁해야 할 부담이 줄어들기 때문이다.

하지만 곰곰이 생각해보라. 정말로 언제나 자신이 속해 있는 줄이 가장 느린가? 극장에만 가면 유달리 머리가 큰 사람이 바람처럼 나타나 앞자리에 앉지는 않는가? 혹시 그런 나쁜 상황만을 머릿속에 가득 넣고 있는 것은 아닌가?

모든 것을 '운명' 탓으로 돌리고자 한다면 모든 일에 적용시켜야지, 자기에게 불리한 일들만 떠올리며 운이 나쁘다고 하지는 않는가?

정류장에 도착하자마자 버스가 도착하다니 얼마나 대단한 행운인가? 이렇게 날씨가 화창하다니, 얼마나 기분 좋은 일인가! 맑은 공기를 마실 수 있는 동네에서 살다니 정말 운이 좋다! 이렇게 생각의 초점을 바꿔보라. 머릿속을 재수 없는 일보다는 운 좋은 일들에 대한 기억들로 채워라.

자기는 운이 좋다고 믿는 그 순간부터, 세상을 긍정적으로 바라보기 시작하는 그때부터 당신의 삶은 행운으로 가득할 것이다. 아니면 적어도 자기에게 일어나는 일은 운명과는 아무런 관계가 없다는 사실을 깨닫게 될 것이다.

물론 당신이 지독한 '불운'을 타고난 사람일 수도 있다. 그러나 아무리 고약한 운명일지라도 삶을 긍정적으로 바라보는 따뜻한 시선을 가진 사람에게는 불운도 멀어지는 법이다. 오히려 자신이 불행하리라고 암시하기 때문에 불행을 '느끼고' 맞아들이는 것이다. 해로운 태양광선이 오존층에서 걸러지듯이, 세상에서 경험하는 모든 일들은 심리적인 영향을 받는다.

행운을 믿으면 행운이 오고, 불행을 믿으면 불행이 오는 법이다.

잘못되는 일이 하나도 없이 평화롭게 흘러가는 하루가 있는가 하면 '차라리 잠자리에서 일어나지 말걸' 하고 후회하는 날도 있다. 검은색 안경을 끼고 보면 세상은 온통 검게 보이고, 노란색 안경을 끼면 세상의 모든 것이 노랗게 보이기 마련이다.

자신은 불운하다는 생각이 불행한 삶을 불러온다. 자신이 기대하는 그대로 삶은 흘러간다. 인생이란 그리 어려운 것이 아니다. 사람들이 스스로 어렵게 만들 뿐이다.

물론 때로 인생은 불공평하고 잔인하기까지 하다. 그러나 그렇다고 해서 최악의 순간이 당신을 기다리고 있는 것은 아니다. 그렇게 생각하는 습관을 던져버리고 자신의 인생은 최고가 될 거라고 마음속으로 외쳐보라. 그러면 분명 좋은 일들이 일어나기 시작할 것이다.

사람들은 똑같은 사건을 경험하고도 저마다 다르게 받아들인다. 자신의 기분에 따라 전혀 다른 해석을 하는 것이다. 오늘이 운이 좋은 날이라고 확신을 하면, 바로 앞에서 갑자기 차가 급정거를 하여 치일 뻔하더라도 운이 좋아서 사고를 피했다고 여긴다.

그러나 요즘은 정말 재수 없는 날들의 연속이라고 생각하는 사람은 같은 사건을 경험하더라도 정반대의 반응을 보인다. "하마터면 죽을 뻔했잖아. 정말 제대로 되는 일이 없다니까." 이렇게 말하면서 불행의 늪에 빠진 자신의 팔자를 한탄한다. 같은 일이라도 삶을 바라보는 시선에 따라 기분 좋은 일일 수도, 비참한 상황일 수도 있는 것이다.

그렇다면 행복해지는 방법은 의외로 간단하다. 매일 아침에 잠에서 깨어 기지개를 펴고 나지막하게 자신에게 이야기를 해보라. "오늘은 정말 운이 좋은 날이 될 거야, 예감이 좋아. 모든 일이 내가 원하는 대로 될 것 같아." 그리고 하루 종일 자신에게 이 마법의 주술을 걸어보라. 그렇게 하루 일과를 끝마치고 나면 그 날이 멋진 하루가 되었다는 사실에 스스로 놀랄 것이다.

자신의 능력을
제대로 발휘할 수 있는 방법 2

6. 꾸준한 학습
새로운 기술이나 정보를 지속적으로 습득하세요.

7. 적극적인 질문하기
궁금한 점을 묻고 배우려는 자세를 가지세요.

8. 자기 반성 시간 갖기
일과 후 또는 정기적으로 자신의 행동과 성과를 돌아보세요.

9. 건강한 생활습관 유지하기
운동, 영양, 충분한 수면으로 체력을 유지하세요.

10. 스트레스 관리하기
명상, 취미 활동 등으로 스트레스를 해소하세요.

10. 다른 사람들의 실패를 은근히 즐거워한다

가장 친한 친구가 남자친구로부터 버림받았다는 사실을 알았을 때 마음 한구석에서 묘한 기쁨을 느낀다. 죄책감이 전혀 없는 것은 아니지만, 이런 감정이 생기는 것을 막을 수가 없다. 백만장자가 파산했다는 소식이나 헤어진 연인들의 얘기를 들으면 기분이 좋다.

사람이라면 누구나 다른 사람에 대해 질투나 두려움을 느낀다. 그러나 여기서 말하고자 하는 것은 다른 사람의 실패를 통해 만족이나 위안을 얻는 경우이다. 특별히 다른 사람을 괴롭힐 만한 일을 하거나 악의를 품고 다른 사람의 불행을 기도하지는 않지만 다른 사람에게 불행이 닥쳤다는 사실 자체에 즐거워하는 것이다.

흔히 사람들은 자신의 현재 삶에 만족을 느끼기 위해서 자기보다 뒤떨어진 삶을 살아가는 사람들을 찾곤 한다. 주변의 사람들과 비교해서 자신이 더 낫다면 성공하기 위해 더욱 열심히 일할 필요가 없다. 적어도 자신은 그들보다 나은 삶을 살고 있으니까. 말하자면 소의

꼬리보다 닭의 머리가 되기를 원한다. 그러므로 자신의 삶이 그럭저럭 괜찮은 편이라는 것을 상대적으로 상기시켜줄 수 있는, 곤란한 상황에 처한 사람들을 주변에서 찾는 것이다. 우리는 세상을 모든 사람들이 서로 경쟁하는 하나의 거대한 경기장이라고 생각한다. 일정 단계마다 승자와 패자가 갈리고, 모두가 행복할 수는 없다고 생각하는 것이다. 그래서 다른 사람이 실패하면 자신이 성공할 확률이 그만큼 높아진다고 여긴다. 누군가에게 어려움이 닥치면 자신이 그 불행에 걸려들지 않았다는 사실에 무의식적으로 안도의 숨을 내쉬는 것이다.

이처럼 다른 사람들의 성공을 질투한다는 것은 그만큼 자신의 인생에서 성취감을 느끼지 못한다는 뜻이다. 사람들이 노력의 결실을 거두는 모습을 지켜보면서, 새삼 자신은 아직까지 아무것도 제대로 이루어 놓은 것이 없다거나 자신이 원하는 것을 성취하려는 적극성조차 갖추지 못했다는 사실을 깨닫는다.

그저 생계를 이어가기 위하여 자신의 희망과는 관련이 없는 일을 맛보고 있는가? 개인적으로나 직업적으로 성장할 기회가 있는가? 다른 사람에게 긍정적인 변화를 가져다줄 수 있을 만한 사람으로 성장해 가고 있는가? 깨어 있는 시간의 대부분을 어떻게 활용하고 있는가?

지금 당장 이 질문에 대답을 해보고, 자신이 인생에서 가장 원하는 것들이 무엇인지 적어보자. 어떤 직업이 자신의 목표에 가장 잘 맞아떨어지는지, 어떤 종류의 사람들과 같이 있고 싶은지, 어디에서 살고 싶은지…. 가능한 한 구체적으로 자신의 꿈을 그려본다.

이러한 자신의 비전과 목표를 매일 '점검할 수 있는' 형식으로, 이를테면 테이프, 그림, 도표, 목록, 포스터 등으로 만들어서 생생하게 사실적으로 묘사해보자. 이렇게 자신의 새로운 목표를 향해서 나아가는 바로 그 순간 삶에 대한 성취감을 느낄 수 있으며, 단지 목표를 거머쥐는 것뿐만이 아니라 도달하는 과정에서도 기쁨을 느낄 수가 있다. 다른 사람의 불행에 의지하지 않고서 자신의 행복을 찾아나가는 것이다.

인생이란 적과의 치열한 싸움이 벌어지는 전쟁터라고 여기는 사람들이 있다. 하지만 다른 사람의 실패가 곧 자신의 행운으로 이어지는 것은 아니며, 다른 사람의 고통을 통해서 위안을 받으려는 것은 너무나 어리석은 생각이다.

다른 사람이 한 발짝 뒤로 물러난다고 해서 자신이 실제로 한 걸음 나아가게 되는 것도 아니다. 그것을 통해서 얻을 수 있는 이익이란 한순간의 안도감 외에 아무것도 없다. 중요한 것은 스스로 내딛는 한 걸음이다.

오히려 한 사람의 승리가 모두의 승리로 이어지는 경우가 더 많다. 한 사람이 일구어낸 결과가 모두에게 돌파구가 되기도 한다. 올림픽에 출전한 수영선수가 세계 신기록을 수립할 때마다 다른 선수들은 이에 자극을 받아서 최선을 다하고, 새로운 기록을 수립하기 위해 그 이상의 일을 해낸다.

영국의 유명한 시인 존 던이 말했듯이, "인간은 어느 누구도 외따로 떨어진 섬이 아니다. 모든 인간은 대륙의 한 조각인 것이다. 누구의 죽음이건 그것은 나 자신을 약화시킨다. 나 또한 인류에 속해 있기 때문이다. 누구를 위하여 종이 울리는지 알아내려고 사람을 보낼 필요는 없다. 그 종은 바로 그대를 위하여 울리는 것이다."

인생이란 두 사람이 만들어낸 득실의 합계가 항상 제로 상태가 되는 제로섬 게임이 아니다.

자신의 능력을
제대로 발휘할 수 있는 방법 3

11. 네트워킹하기

다양한 사람들과 교류하며 새로운 기회를 만드세요.

12. 자기 확신 키우기

작은 성공 경험을 통해 자신감을 쌓으세요.

13. 실패를 두려워하지 않기

실패를 성장의 기회로 삼으세요.

14. 적극적인 태도 유지하기

긍정적이고 적극적인 자세로 도전하세요.

15. 효과적인 의사소통 연습하기

명확하고 설득력 있게 말하는 연습을 하세요.

11. 호사다마의 법칙을 믿는다

> 기막힌 주차 장소를 찾고서 기분 좋아하다가도 '잠깐, 여기에 차를 세워놓으면 분명이 누군가 내차를 받아버릴 거야'라고 생각한다. 뜻밖이건 예상했던 일이건 행운이 다가오면 결국에는 '아무 이득 없이 끝나버릴 것'이라는 불안감을 떨쳐버릴 수가 없다. 심지어 나중에 그 대가를 치르게 될까 봐 겁이 난다.

　우리는 어릴 때부터 인생을 제대로 살기 위해서 알아두어야 할 여러 가지 교훈을 수도 없이 들어왔다. "세상에 공짜란 없다"는 말도 그 중의 하나이다. 생각지도 못한 소식에 기뻐하며 웃음 짓는 당신의 귓가에 대고 이렇게 속삭이기도 한다. "조심해. 그렇게 호들갑을 떨거나 너무 드러내놓고 좋아하면, 악마의 질투를 불러일으키는 법이야." 아주 틀린 말이라고는 할 수 없지만 그렇다고 자신에게 다가온 행운이라는 손님에게 항상 의심의 눈길을 보내고 맞이하기를 주저할 필요는 없다.

　행운을 속편하게 받아들이느냐 그렇지 않느냐는 간단한 기준에 달려 있다. 자신이 행운을 받을 자격이 있다고 생각하면 자연스럽게 받아들여라.

어떤 사람들은 자신에게 주차조차 한 번에 편하게 할 자격이 없다고 생각한다. 예상치도 못한 행운이 찾아오면 스스로 그런 행운을 받을 자격이 없다는 생각 때문에 왠지 자신에게 허락된 것 이상을 누리고 있는 것 같고, 그 대가를 치르게 되지는 않을까 불안해하는 것이다.

예를 들어, 골프를 치고 있다고 하자. 오늘 따라 게임이 잘 풀려 9홀을 마치고 나니 이 정도로 계속 해나가면 최고의 스코어를 거둘 수 있을 것 같다. 그러나 게임 결과는? 평소 자신이 생각한 만큼의 실력에 그친다. 그 이유는 간단하다. 스스로 그 정도의 스코어를 얻을 능력밖에 없다고 생각했기 때문에 그만큼의 결과가 나온 것이다.

순간적일지라도 자신에 대해서 긍정적으로 판단할 때가 있다. 그러면 자신의 생각과 행동을 스스로 잘해낼 수 있을 거라는 생각에 맞추게 된다. 이와는 반대로 스스로 성공할 자격이 없다고 생각하는 사람은 자신의 '예언'대로 실패하게 된다. 그러므로 자신이 행운을 누릴 자격이 없다는 생각을 극복하기 위해서는, 뜻밖의 횡재를 있는 그대로 받아들이면서 이것은 책임과 의무 따위와 아무런 상관이 없다는 사실을 인정해야 한다.

신이나 천사, 아니면 오래 전에 돌아가신 조상의 영혼이 자신을 지켜보고, 보호하며 도와준다고 상상해보라. 행운을 너무 기뻐하면 불운이 닥칠까 싶어 겁이 난다면, 자신의 수호천사가 그 불운을 막아준다고 생각하라. 아니면 이번에 찾아온 행운을 지나간 불운에 대한 보상으로 여겨라.

행운을 몰아내는 가장 빠른 방법은 자신 앞에 다가온 행운을 미심쩍게 여기는 것이다. 반면 보다 많은 행운을 끌어들이는 가장 확실한 방법은 행운이 찾아올 때마다 이를 즐겁게 받아들이는 것이다.

나아가 좋은 일들을 따로따로 일어나기보다는 한꺼번에 생긴다는 사실을 명심한다. 이다음에라도 무언가 좋은 일이 생기면 곧이어 또 다른 기대를 해본다. 드디어 나에게도 행운이 찾아온 것이며 가장 가까운 미래에 더 큰 행운이 생길 것이라고 생각한다. 좋은 일이 생길 때마다 이렇게 중얼거려보라. "이런 행운이 따르다니 정말 기쁘구나. 난 이런 행운을 받을 자격이 있어. 이보다 더한 행운도 받을 자격이 있는 거야."

상황이 계속 호전된다면 정확히 어떤 일이 일어날 것인지 상상해보라. 남아 있는 9홀에서도 계속 기세를 몰아 사상 최대의 스코어를 낼 것인가? 직장에서 자신이 요구한 대로 급료가 인상되는 것은 물론 승진도 하고 인정도 받을 것인가? 큰 꿈을 꾸어보자.

자신의 능력을
제대로 발휘할 수 있는 방법 4

16. 창의력 개발하기
새로운 아이디어를 떠올리고 실험하세요.

17. 리더십 능력 키우기
팀을 이끄는 경험을 쌓고 책임감을 가지세요.

18. 자기 주도적 학습
스스로 학습 계획을 세우고 실천하세요.

19. 목표 시각화하기
성공하는 모습을 상상하며 동기 부여를 높이세요.

20. 작은 성공 축하하기
작은 성취도 인정하고 자신을 격려하세요.

12. 남의 말에 쉽게 의기소침해지고, 결국엔 단념한다

> 어떤 일에 대해서 쉽게 흥분하지만 거기에 대해서 누구나 한 사람이라도 부정적으로 말하면 열정이 이내 사그라진다. 새로운 일을 시작하면 금방 들뜨지만, 내가 기대했던 결과가 나오지 않으면 금세 의욕이 꺾인다. 시작하는 것은 많지만 끝까지 해내는 일이 거의 없다.

우리는 자아가 약해지면 이를 강하게 만들기보다는 현재의 자아 상태를 유지하는 데 급급하다. 조금이라도 성공하지 못할 확률이 높아지면, 자아가 상처받을지도 모른다는 두려움 때문에 '모험'을 피한다.

그래서 무엇을 얻는가보다는 성공하지 못할 경우에 무엇을 잃을 것인가에 더욱 관심을 쏟는다. 성공이 보장되지 않는 한, 더 이상 자기 자신을 투자할 용기가 나지 않는 것이다. 이런 경우에 다른 사람들의 부정적인 말 한마디는 치명적이다.

다음에는 대단한 흥미를 보이다가도 실패할 것 같은 징후가 조금만 엿보이면 어떻게 해서라도 문제점을 찾아내고 빠져나갈 방법을 찾는다. 그러면서 지금 하고 있는 것보다 더 좋은 아이디어가 있다고 스스로를 위안한다. 그래서 이런저런 아이디어 사이에서 방황한다.

이러한 사람들은 다른 사람들 눈에 엄청난 변덕의 소유자로 비쳐진다. 에너지가 강력히 분출되기는 하지만 지속되는 법이 없다. 한번 의심이 싹트기 시작하면 정신력이 분산되고 의심과 공포 때문에 쉽게 열정이 식어버린다. 그러다가 결국에는 온통 장애물에만 신경이 쏠리고 만다. 그래서 장애물들은 더 이상 극복할 수 있는 것이 아니라 피해야 할 위험한 존재로 보이며, 결국엔 장애물을 그만두라는 경고 신호를 받아들이고 만다.

이러한 사람은 성공하는 보장이 있거나 적어도 자신이 성공할 것이라고 확신하는 일에만 노력을 쏟으려 한다. 난로에 장작을 준비하기도 전에 불을 붙여달라고 하는 것이나 마찬가지이다. 인생에 확실한 보증수표란 없다는 사실을 알고 있으면서도 그것을 좀처럼 인정하지 않으려 한다.

자신의 연약한 자아를 보호해야 한다는 생각에서 벗어날 수 있는 가장 빠른 방법 중 하나는, 결과나 이익과는 그다지 상관없지만 기분이 좋아지는 상황을 만드는 것이다. 인정받거나 칭찬받으려는 기대를 갖지 말고 자신이 가진 시간이나 열정, 재능, 돈. 혹은 정보를 베풀어보라. 그러면 예상치도 못했던 이익을 얻을 수 있다.

무조건적으로 베푸는 즐거움은 직접 경험해보기 전에는 결코 이해할 수 없는 것이다. 공원에서 쓰레기를 줍거나 노인이나 어린이를 보살피는 등 여러 가지 자원봉사에 참가해보라. 이런 일들을 하면 결과와는 상관없이 과정 그 자체에서 기쁨과 만족을 얻을 수 있다.

일을 반 정도 하다가 포기하고 다른 일을 다시 시도하는 것을 반복하는 습관이 있는 사람에게 효과적인 방법은 중간 결과를 체크하면서 용기를 얻고 스스로를 격려하는 것이다. 그때마다 여러 가지 의미 있는 방법으로 자축하되, 가장 멋진 자축 방법은 최후의 목표가 달성되었을 때를 위해서 아껴둬라.

이 방법을 실천하기 위해서는 목표를 단계별로 나누어 계획을 세워야 한다. 이렇게 하면 각 단계를 시작할 때마다 하나의 목표를 달성하고 다른 목표를 향해 나아가는 색다른 기분을 느낄 수 있을 것이다.

중요한 것은 당신에게 다가온 도전을 기쁘게 받아들이는 것이다. 도전이 없으면 성장도 없다. 절대 '비관'이라는 올가미에 걸려들어서는 안 된다. 셰익스피어의 이 말이 용기를 줄 것이다.

"의심은 우리를 배반하고 시도 자체를 두려워하게 만들고, 우리가 얻을 수 있는 멋진 일들을 잃게 만든다."

자신의 능력을 제대로 발휘할 수 있는 방법 5

21. 적절한 휴식 취하기
과로를 피하고 재충전의 시간을 가지세요.

22. 기술 활용하기
생산성을 높이는 도구와 앱을 활용하세요.

23. 멘토 찾기
경험 많은 멘토의 조언을 구하세요.

24. 자기 계발 강좌 수강하기
전문성을 높일 수 있는 강의를 들어보세요.

25. 목표에 대한 열정 유지하기
내적 동기를 지속적으로 상기시키세요.

13. 나에겐 정해진 운명이나 숙명이 있다고 믿는다

내 운명의 카드는 이미 던져졌다고 굳게 믿는다. 어차피 인생은 팔자소관이다. 내 인생의 행로는 운명의 힘이 잡아놓은 계획대로 이루어질 뿐이다. 나는 내 운명의 볼모로 잡혀 있을 뿐이다. '일어나야 할 일은 어쨌든 일어난다.'

인류는 오래 전부터 인간에게 주어진 '운명'이라는 것에 대해 끊임없이 의문을 제기해왔다. 동서양이나 고대와 현대를 막론하고 각각의 문화마다 독특한 운명 예측방법이 전해져 내려오고 있으며, 첨단 과학의 시대인 현대에도 그것에 대한 믿음은 유효하다.

그러나 예나 지금이나 변함없는 또 하나의 사실은 과연 정말로 우리가 태어날 때부터 운명이라는 이름을 가진 신의 지배를 받는지는 여전히 알 수 없다는 점이다. 여기 중요한 문제는 운명의 카드가 이미 자신의 앞에 놓여 있다고 믿고 싶어 하는 우리의 마음이다.

본질적으로 우리는 자신의 앞길이 순탄할 것이며, 모든 일이 잘될 거라고 보장받고 싶어 한다. 성공의 운을 타고난 사람은 굳이 필사적으로 무언가를 찾아 나설 필요가 없다고 생각한다. 그리고 자신의 운세가 그다지 좋은 내용이 아니더라도, 적어도 그 일에 대해 준비할 여유가 있다고 믿는다.

　울음을 터뜨리며 세상에 나오는 그 순간, 아니 어머니 뱃속에 잉태되는 그 순간부터 모든 것이 이미 정해져 있어서 자신이 무엇을 어떻게 하든 운명의 힘을 물리칠 수 없다면, 설사 아무런 노력을 기울이지 않는다 해도 전혀 잘못이 아니라고 자신의 나태함을 변명할 수 있다. 주어진 길을 걸어가기만 하면 될 뿐, 쓸데없이 모험을 감수하거나 도전을 감행할 필요가 없는 것이다. 이렇게 스스로 인생을 설계하고 책임져야 한다는 압박감을 피하기 위해 팔자니 운명이니 하는 말들을 들먹이는 것이다.

　매일 수천통의 상담전화를 받으면서 사람들과 이야기를 나누다보면 공통적으로 느껴지는 게 있다. 사람들은 모두 미래를 알고 싶어 한다는 사실이다. 한치 앞을 내다볼 수 없는 불안한 시대를 살아가다 보니 내일이 오늘 같으리라는 보장이 없다. 그래서 실제로 일어나지도 않은 일들에 대해 지나치게 근심하고 두려워하면서 스트레스만 키워간다. 그리고 그만큼 조금이라도 미래를 내다볼 수 있기를 희망한다. 그러나 이것은 실제로 채워지기 힘든 욕구이다.

　정해진 운명이 무엇이건, 우리들은 삶의 순간마다 선택의 갈림길에 선다. 인생은 스스로 만들어 나가는 것이라고 믿는 사람이나, 자신은 매일 조금씩 정해진 길을 가고 있으며, 어쩌면 정해진 틀을 벗어나지 못하는 비극적 운명의 희생물이라고 믿는 사람 모두 선택을 해야 하는 상황을 피할 수는 없다.

　이것을 잘 나타내주는 이야기가 있다. 폭풍으로 큰 홍수가 작은 마을을 휩쓸고 지나갔다. 마을은 마치 해저 도시처럼 변해 버렸고, 그나마 완전히 물에 잠기지 않은 건물들조차 지붕밖에 보이지 않았다. 그런데 흙탕물의 거센 물결 속에 교회 첨탑의 십자가를 꼭 붙들고 매달려 있는 여인이 있었다. 너무나 위태로워 보이는 그 여인에게 배 한 척이 접근했다. "타세요, 부인." 배 안에 있던 남자가 말했다. 그러나 여인은 그 제안을 거절했다. "하느님은 절대로 날 죽게 내버려두시지 않을 거예요." 여인은 확신에 찬 어조로 대답했다. 잠시 후 헬리콥터가 날아와 그녀를 구조하기 위해 사다리 줄을 내렸다. 그러나 여인은 한사코 사다리 줄에 올라타기를 거부했다. 그리고 다시 똑같은 말을 되풀이 했다. "하느님은 절대로 날 죽게 내버려두시지 않을 거예요." 잠시 후에 다른 구조선이 왔지만 그녀는 여전이 십자가를 꼭 붙들고 고개를 저을 뿐이었다.

　폭풍은 더욱 심해졌고, 빗줄기는 약해질 기미가 보이지 않았다. 곧 그녀가 있는 곳까지 물이 차올라 결국 급류에 휩쓸리고 말았다.

　저승에 간 여인의 눈에 하느님의 모습이 보였다. "어떻게 저를 죽게 내버려두실 수가 있습니까? 저는 하느님만 믿고 있었는데요." 여인은 하느님에게 항의했다. 그러자 하느님이 대답했다. "나는 너를 구하려고 했었다. 두 번이나 배를 보내고 헬리콥터를 보냈다. 그런데 너는 스스로 죽음을 택하지 않았느냐?"

자신의 처지에 대해서 세상을 탓하고만 있는 것은 더 나은 삶을 위해 자신을 변화시킬 수 있는 힘을 포기하는 것과 마찬가지다. 실수는 누구나 한다. 그것이 무슨 상관인가?

사실 어느 누구도 완벽할 수 없다. 실수를 함으로써 무언가를 배우는 것이다. 이런 말이 있다. '무슨 일이든 하기 나름이다.' 이 말을 명심하라.

자신의 능력을 제대로 발휘할 수 있는 방법 6

26. 긍정적 사고 연습하기
긍정적인 마인드로 어려움을 극복하세요.

27. 책임감 갖기
자신의 일에 책임을 지고 성실히 임하세요.

28. 유연성 유지하기
변화에 적응하며 유연하게 대처하세요.

29. 경쟁보다 협력 강조하기
타인과 협력하여 더 큰 성과를 내세요.

30. 자기 인식 높이기
자신의 강점과 약점을 파악하세요.

14. 항상 무언가
빼먹고 있는 듯한 느낌이다

꼬집어 말할 수는 없지만, 항상 무언가를 잊어버리고 있다는 생각이 머릿속에서 지워지지 않는다. 이미 했어야 할 일이거나 해야 할 일들인 것은 분명하다. 모든 것을 잘 처리하는 편이지만, 여전히 무언가 빼먹었다는 생각이 든다. 휴가를 갈 때마다, 필수품 목록을 여러 번 확인하는데도 무언가 잊고 있다는 생각을 떨쳐버릴 수가 없다.

이것은 건망증과 아주 다른 증상이다. 이러한 태도는 자신이 정말 원하는 일을 하고 있지 못하다거나 자신의 인생에서 무언가 중요한 것을 놓치고 있다는 무의식적인 느낌에서 비롯한다.

예를 들어, 음악가가 되고자 했던 회계사는 하루 종일 계산기나 두드리고 숫자와 씨름하는 일은 결코 자신에게 어울리지 않는다고 생각하며, 자신이 해야 할 일은 따로 있다는 생각에 사로잡히곤 한다.

이렇듯 자신이 잘할 수 있는, 또는 해야 할 일과는 거리가 먼 일을 하고 있기 때문에 항상 주의하지 않으면 뭔가 실수를 할지도 모른다는 불안감에 휩싸이곤 하는 것이다.

그래서 자신에 대해서 검토하며 어떤 행동을 하던 일을 그르치지 않도록 작은 일까지도 세심하게 점검해야만 안심을 할 수 있다.

그래서 가스레인지를 껐다고 생각하면서도 정말 껐는지 다시 본다. 현관문은 잘 잠갔는지, 자동차에 열쇠를 꽂고 내리지는 않았는지 계속해서 살핀다. 심지어 차를 타고 가다가 갑자기 차고 문을 닫았는지 확실하게 기억나지 않아서 먼 거리를 다시 되돌아올 정도다.

이런 사람들은 우선 "절대 실패하지 않는다면 무엇을 할 것인가?"라고 스스로 질문을 던져보자. 이것을 소위 '무한'생각이라고 한다.

어떤 것이든 꿈을 꾸는 것만큼은 다른 어느 누구의 허락도 필요가 없다.

일단 자신의 꿈이 무엇인지 알아내면, 그 꿈을 실현시키기 위해 어떤 단계를 밟을 것인지 결정해야 한다. 여기에서는 '왜 해야 하는가'라는 질문만이 필요할 뿐, 하지 말아야 할 이유를 만들어내느라 시간을 낭비할 필요는 없다.

실제로 도움이 되는 실질적인 방법을 찾아 연습해보라. 가령 일기를 쓰는 습관도 무언가 비어 있는 듯한 인생의 순간순간에 의미를 부여하는 데 많은 도움이 된다.

오늘밤이라도 당장 시작을 해보자. 그날의 가장 중요한 활동과 생각, 꿈, 그리고 자신이 이루어낸 일들을 일기장에 가득 채워 넣는다.

하루 일과를 하나씩 떠올리다보면 기록해두지 않았기 때문에 잊혀져버리는 중요한 순간이나, 자신이 미처 깨닫지 못한 부분들이 놀라울 정도로 많다는 사실을 알게 될 것이다. 일기장이 쌓여갈수록 당신의 삶도 풍요로워질 것이다.

자신의 능력을
제대로 발휘할 수 있는 방법 7

31. 목표 재조정하기
상황에 맞게 목표를 수정하는 유연성을 가지세요.

32. 감사하는 마음 갖기
작은 것에도 감사하며 긍정 에너지를 유지하세요.

33. 자기 동기 부여 방법 찾기
내적 동기를 자극하는 방법을 개발하세요.

34. 꾸준한 습관 형성하기
좋은 습관을 만들어 지속하세요.

35. 리스크 관리하기
위험을 미리 예측하고 대비책을 세우세요.

36. 자기 표현력 향상하기
명확하게 자신의 생각을 전달하는 연습을 하세요.

37. 목표 달성 후 평가하기
성과를 분석하고 다음 계획에 반영하세요.

38. 긍정적 환경 조성하기
자신을 지지하는 환경에서 활동하세요.

39. 자기 보상 시스템 만들기
목표 달성 시 자신에게 보상을 주세요.

40. 끊임없는 도전 정신 유지하기
새로운 도전으로 성장의 기회를 만드세요.

제3부

15. 나는 항상 사람들을 기다리게 만드는 지각대장이다

> 나는 늘 지각하는 것으로 유명하다. 제시간에 도착한 적이 거의 없는 것 같다. 아무리 노력해도, 아무리 길이 잘 뚫려도, 아무리 일찍 출발해도, 항상 지각이다. 시간을 10분 빠르게 맞춰놓기도 하지만 여전히 10분 정도 늦는다.

날이면 날마다 지각하는 이유는? 늦잠을 자는 습관을 고치지 못해서? 아니면 워낙 게으른 사람이라서? 다른 사람들에게 욕을 얻어먹으면서도 늘 지각을 밥 먹듯이 하는 사람의 심리에는 엉뚱하게도 다른 사람들을 기다리게 함으로써 자신이 강자의 위치에 선다는 생각이 자리 잡고 있다. 남들보다 일찍 도착한다는 것은 다른 사람의 기분이나 시간에 얽매이는 것이기 때문에 마치 자신의 가치가 떨어지는 것처럼 생각한다.

또 다른 원인인 자존심의 문제와 관련이 있다. 지각을 해서 남에게 무례하다는 말을 듣거나 남에 대한 배려가 없는 사람이라는 평을 들어도 그다지 상관하지 않는 것은 기본적으로 자신을 존중하고 아끼는 마음이 결여되어 있기 때문이다. 마찬가지로 약속 상대를 존중하지 않기 때문에 상대방이 시간을 낭비하게 만드는 사실에 대해서 그다지 미안해하지 않는 것일 수도 있다.

어떤 경우에는 약속 상대에 대한 분노나 원망의 무의식적인 표현일 수도 있다. 그 사람에 대한 반감이나 시기, 원망 등을 품고 있기 때문에 불편을 끼치는 것이다.

심리학적 측면에서 보면 늦어서 허둥대는 사람은 아드레날린의 분비가 촉진되어 심리적인 만족감을 느낀다. 마치 도박이나 스카이다이빙, 혹은 스포츠를 할 때와 비슷한 전율을 느끼고 이를 즐기는 것처럼. 아무튼 그 이유가 무엇이든지 간에 한사람이라도 늦어서 회의가 지연되면, 늦은 사람을 포함해서 모든 사람이 서둘러 의제를 꺼내고 되고 결국에는 회의 시간을 비효율적으로 사용하기 때문에 모두에게 피해를 준다는 사실을 잊어서는 안 된다. 자신을 존중하지 않고는 다른 사람을 존중할 수 없으며, 그 반대로 남을 존중하지 않으면 자신도 존중받을 수 없다. 이 두 가지는 동전의 양면과도 같은 것이다.

우선 자신이 늦을 때마다 사람들이 어떤 생각을 하게 되는지 과감하게 물어보라. 일단 자신의 행동이 초래한 부정적인 결과에 대해서 듣고 나면, 어찌됐든 자신도 영향력(?)을 발휘하는 인물이라는 사실을 알게 될 것이다.

이러한 사실을 알면서도 여전히 지각을 독차지한다면 동료들에게 도움을 요청해야 한다. 5분씩 늦을 때마다 벌금을 낸다든지, 회의 후 뒷정리를 한다든지, 지각에 대한 벌칙을 정해놓는다. 벌칙마저 아무 소용이 없다면, 사람들은 당신을 포기하고 말 것이다.

어쩌면 당신은 화를 억누르면서 여러 가지로 심기가 불편해지고 좌절해왔는지도 모른다. 그리고 그 분풀이로 계속해서 다른 누군가를 기다리게 만드는 것인지도 모른다. 그렇다면 자신도 모르는 사이에 마음속에 자리 잡은 분노를 날려버려야 한다.

분노는 자연스러운 감정이라는 사실을 명심해야 한다. 정확하게 누구에게 화가 났는지 혹은 왜 그런 감정을 느끼는지조차 몰라도 상관없다. 자신은 계속 기다리는 사람들 중 누군가에게 화가 났을 수도 있고, 혹은 만나기로 한 상대방이 자신을 화나게 만든 대상을 떠올리게 하거나 아니면 둘 다 아닐 수도 있다. 그러나 어떤 경우이건, 분노가 쌓여서 마음을 병들게 하거나 폭발하기 전에 안전하게 표출해야 한다.

샌드백을 두드리거나 나무 등치를 발로 걷어차는 등 적당한 방법을 찾아서 분노를 해소시키자. 처음에는 이런 행동이 다소 어리석게 느껴질 수도 있지만 충분히 가치가 있는 행동이다. 자신의 분노를 애꿎은 주위 사람들에게 푸는 것보다는 감정 없는 물건에 푸는 편이 훨씬 낫다.

삶에 행운을 더하는
운을 끌어 당기는 방법 1

1. 긍정적인 태도 유지하기

항상 밝고 긍정적인 마음가짐을 가지면 좋은 기운이 자연스럽게 몰려옵니다.

2. 감사하는 마음 갖기

작은 것에도 감사하는 습관은 행복과 행운을 끌어당깁니다.

3. 운이 좋은 사람과 함께하기

긍정적이고 운이 좋은 사람들과 교류하면 좋은 기운이 전파됩니다.

4. 목표 설정과 계획 세우기

명확한 목표를 가지고 계획을 세우면 운이 따르게 됩니다.

5. 운이 좋은 장소 방문하기

행운의 장소나 자신에게 의미 있는 곳을 방문하면 기운이 상승합니다.

16. 병이나 사고로
병원에 누워 있기를 바란다

> 때때로 병에 걸렸으면 좋겠다고 생각한다. 일을 할 수 없거나 심지어 일상생활조차 할 수 없는 상태를 상상해본다. 병에 걸리면 내 인생이 어떻게 달라질 것이며 사람들이 나를 대하는 태도가 어떻게 달라질 것인지 생각해보곤 한다.

누구나 한번쯤 이런 상상을 해보았을 것이다. 다리라도 부러지거나 맹장염에 걸려 일주일 정도 병원에서 푹 쉬었으면 하고…. 이렇게 자신의 몸을 내던지는(?) 고통을 마다 않는 이유는 대개 쉼 없이 반복되는 일상에 지쳐 모든 일에서 떠나고픈 마음 때문일 것이다. 물론 실제로 이런 경험을 하게 된다면 모두 고개를 가로 저을 테지만.

이러한 반응을 보이는 또 하나의 이유는 남들의 주목이나 관심을 끌고 사랑을 받고 싶어 하기 때문이다. 하지만 그보다는 더 큰 요인이 자신 안에 숨어 있다.

'아프다'는 것은 무언가를 해내지 못하더라도 충분한 핑계거리가 될 수 있다. 사람들은 아프다는 이유 하나만으로도 자신이 기꺼이 이

해받을 거라고 생각하는 것이다. 새로운 인생에 도전할 만한 의욕이 없다는 사실은 살짝 감춘 채 몸이 불편한 환자라는 구실을 내세워 자신의 무기력함을 변경하는 것이다.

게다가 환자에게는 또 다른 이점이 있다. 즉 아프다는 것은 성공에 대한 개념마저 바꿔놓을 수 있는 것이다. 백만장자가 되는 대신에, 다시 혼자 걸을 수 있거나 스스로 식사를 한다거나 침대에 일어나 앉는 등 어쨌든 조금만 더 건강해지기만 해도 큰 성공이라고 변명할 수 있기 때문이다. 사람들은 힘든 과정을 견뎌내고 건강을 회복했다는 사실 자체만으로도 그 사람을 존경하니까. 오랜 투병생활 끝에 병마와 싸워 이겨낸 사람들의 '성공담'이 심심찮게 신문 지면을 장식하는 것도 이러한 이유 때문이라고 생각한다. 아픈 상황에서는 무엇을 하건 시도한다는 자체가 대단한 것이긴 하다.

이러한 경우에는 무엇보다도 '오늘' 자신이 하고 있는 일을 멋진 것으로 받아들이는 자세가 필요하다.

아트 윌리엄스가 말했다.

"자신이 할 수 있는 것은 스스로 할 수 있는 것뿐이다. 그리고 자신이 할 수 있는 것이면 그것으로 충분하다."

아주 많은 일을 이룩해야 한다고 생각한다면, 먼저 진정으로 자신이 원하는 것이 무엇인지 스스로에게 물어보라.

카리브 해의 작은 섬에서 해변을 거닐던 한 남자가 어부를 만났다.

서로 인사를 나눈 후 그는 어부에게 미래의 목표가 무엇인지 물어보았다.

어부가 말했다.

"매일매일 일하는 시간을 조금씩 늘려서 고기를 더 잡는 것입니다. 그 고기를 시장에 팔아서 충분히 돈을 모으면 작은 배를 사서 더 넓은 바다로 나가 고기를 더 많이 잡을 거구요. 그러면 곧 두 번째 배를 살 돈이 생기겠죠. 그 배를 아들에게 줄 겁니다. 그렇게 하다보면 우리는 배를 여러 척 가지게 될 거고 더 이상 일할 필요가 없겠죠."

남자가 다시 물었다.

"그럼 은퇴하고 나면 뭘 할 거죠?"

어부는 잠시 생각한 후에 대답했다.

"글쎄요. 아마 낚시를 하면서 시간을 보내겠죠."

병에 걸리게 되면 현실적으로 어떤 대가(적어도 침대에 편안히 누워있는 모습만은 아닐 것이다)를 치러야 하는지 떠올려보자. 독립성 상실, 생계의 위협, 심지어 목숨을 잃어버릴 수도 있다. 이러한 상상은 그만큼 위험한 대가를 지불해야 하는 것이다.

삶에 대한 의지를 불태우며 투병생활을 하는 사람들은 존경할 만한, 정말로 용기 있는 사람들임에 틀림없다. 그렇지만 단지 다른 사람의 동정을 받기 위해서 중병에 걸리고 싶어 하는 것은 어리석기 짝이 없는 일이다.

삶에 행운을 더하는
운을 끌어 당기는 방법 2

6. **운세를 믿고 긍정적으로 생각하기**

    운세를 믿고 긍정적인 생각을 유지하면 운이 좋아질 수 있습니다.

7. **운이 좋은 색상 착용하기**

    행운을 상징하는 색상을 옷이나 액세서리로 활용하세요.

8. **운이 좋은 시간대 활용하기**

    자신에게 맞는 운이 좋은 시간대를 파악해 활동하세요.

9. **운을 끌어당기는 말과 행동 사용하기**

    긍정적이고 희망적인 말을 자주 하며 행동하세요.

10. **운이 좋은 사람의 조언 듣기**

    경험이 풍부한 사람의 조언을 받아보세요.

17. 무의미하다고 생각하는 인간관계를 질질 끈다

> 연인과의 관계가 더 이상 즐겁지 않은데도, 그 사람에 대한 감정이 점점 퇴색되는데도 아무런 조치를 취하지 않는다. 더 나은 사람을 찾지 못할 수도 있다거나 상황이 달라질 것이라며 스스로를 위로할 뿐이다. 그러나 시간이 지나도 달라지지 않는 그 사람과의 관계를 끝내고 싶지만 자꾸 망설인다.

살다보면 자신의 희망이나 바람과는 관계없이, 단지 그렇게 해야 된다는 막연한 생각에 따라 선택하는 일들이 있다. 직업이나 직장, 집에 이르기까지 상황에 맞추어 적당한 것을 골라 그저 마음 편한 방향으로 선택하는 것이다. 인간관계도 마찬가지이다.

뭔가 이게 아니라는 생각에 시달리면서도 그다지 만족스럽지 않은 관계를 질질 끌고 간다. 또 다른 실패를 맛보고 싶지 않기 때문이다. 지금의 관계를 맺기까지 쏟아부은 노력과 시간 때문에 그 사람과의 만남이 실수라는 것을, 그리고 여전히 그 실수를 되풀이하고 있다는 사실을 인정하고 싶지 않은 것이다.

'잘해보려는 노력을' 지속하지만 변하는 것은 없다. 관계를 원만하게 하기 위한 노력을 지속할수록 그 사람을 포기하기가 더 힘들어진다. 자신이 투자한 모든 것이 허사가 되어버리기 때문이다. 이러한 일이 반복되면 결국 자신의 주체성마저 희미해져 버린다.

다른 사람과의 관계가 끝나면 곧 자기 자신의 일부를 잃을 것만 같은 느낌에 사로잡힌다. 상대한테 학대받으면서도 그 관계를 유지하려는 사람들의 심리가 바로 이렇다.

이런 경우에는 다음과 같이 해석할 수 있다. 자존심이 부족한 사람들은 상대를 고르는 판단력이 흐리다. 자신이 왜 그 사람에게 매달리는지 자신을 설득시키는 데 급급하며, "그래, 내가 그 사람보다 뭐 그리 잘난 게 있다고. 사실 나한테는 그만한 사람도 없어"라는 자기변명을 하는 것이다. 자신은 그만큼의 가치밖에 없다는 것이다. 이럴 경우 결국 자신에게 남는 것이라곤 불행한 관계와, 그 관계만큼은 절대로 잃지 않으려 애쓰는 자신의 초라한 모습뿐이다.

간이식당에서 일하는 웨이터가 있다. 그는 자신이 다니고 있는 식당에 대해 무지 불만이 많은데도 대우가 더 나은 고급 레스토랑의 일자리를 알아볼 생각은 하지 않는다. 설령 기회가 온다고 해도 망설인다. '나한테는 여기가 제일 어울려. 거기 가서 괜히 망신이나 당하면 어떻게 해'라고 생각하며, 지금보다 많은 돈을 벌 수 있을 텐데도 더 나은 길을 포기한다.

그가 몇 년 동안이나 똑같이 싸구려 식당을 벗어나지 못하는 이유는 자신의 가치가 그 정도에 불과하다고 생각하기 때문이다. 그저 자신을 둘러싼 환경의 편안함에 길들여진 나머지 자신에게 가장 잘 어울리는 곳은 지금 있는 그 자리뿐이라고 생각하는 것이다.

  사람들은 자신이 무엇을 원하는가가 아니라 무엇을 편하게 느끼는가를 토대로 결정을 내리곤 한다. 그러면서도 한편으로는 계속해서 내면에서 꿈틀거리는 불만을 잠재우지 못한다.

  "정말로 내가 원하는 대로 될 수 있다면 무엇을 할 것인가?" 스스로 물어보라. "누구와 데이트를 할 것인가?", "어디에 살 것인가?", "어디에서 일할 것인가?", "어떤 사람이 될 것인가?" 이런 질문에 대답하기 어려운 사람일수록 이를 극복하기 위한 훈련이 절실하게 필요하다.

  예를 들어, 누구와 데이트를 할 것인가에 대한 대답이 금방 떠오르지 않는다면, 지금까지 자신이 정말로 좋아하는 사람에게 접근하기보다는 자신에게 관심을 보이는 사람과 데이트를 했기 때문일 것이다.

  그렇다면 자신의 욕구를 반영하는 포스터나 도표 같은 시각적 자료를 준비해서 그것을 자신이 매일 볼 수 있는 곳에 붙여놓아라. 그리고 자신이 바라는 이상형을 구체적으로 생각해보라. 잡지나 카탈로그에서 자신이 생각하는 이상적인 외모와 가장 비슷하다고 여기는 사람의 사진을 오려낸다. 그리고 '풍부한 애정', '정직성', '다정다감', '섹시함' 등과 같이 자신의 이상형이 갖춰야 할 중요한 특성을 써넣는다.

이러한 훈련을 연인 관계에서만 국한시키지 말고 재산, 건강, 창조성, 그밖에 자신의 인생에서 중요한 분야에 적용해보라. 그리고 자신을 더욱 사랑하라. 그러면 다른 사람들도 같은 반응을 보일 것이다.

자신에 대해서 긍정적으로 생각할수록 더 많은 사람들의 관심을 받을 것이다. 처음으로 만난 사람들은 당신이 어떠한 사람인지 전혀 알 수가 없다. 그러나 자신이 가치가 없다는 식의 메시지를 보낸다면, 이를테면 비딱하게 서서 상대와 눈을 맞추지도 않고 자신에 대해 부정적인 얘기들만 늘어놓는다면, 상대방 또한 당신이 보여주는 그대로 받아들여 당신을 피하려고 할 것이다.

호의적이고, 진취적이며 호감이 가는 사람의 관심을 끄는 가장 좋은 방법은 스스로 그런 사람이 되는 것이다. 똑바로 서서 상대방의 눈을 가만히 들여다보면서 미소를 지어보라. 무엇보다도 따뜻하고 편안한 말투는 상대방에게 호감을 준다. 이야기에 귀를 기울이는 것도 중요하다. 무기력하고 소모적인 관계를 청산(?)할 수 있는 힘을 가진 사람은 바로 자기 자신임을 잊지 말라.

삶에 행운을 더하는
운을 끌어 당기는 방법 3

11. 운을 끌어당기는 기도 또는 명상하기

마음의 평화를 찾고 운을 불러오는 명상이나 기도를 실천하세요.

12. 운이 좋은 물건 소유하기

행운을 상징하는 물건이나 부적을 지니세요.

13. 운이 좋은 습관 만들기

매일 작은 목표를 이루는 습관을 들이세요.

14. 운이 좋은 환경 조성하기

집이나 사무실을 정돈하고 밝은 분위기를 만들어보세요.

15. 운이 좋은 사람에게 도움 요청하기

운이 좋은 사람에게 조언이나 도움을 구하세요.

18. 징크스와 같은 미신을 믿는다

> 길을 걸어갈 때 보도블록의 갈라진 틈새를 밟지 않으려고 신경 써서 걷는다. 나도 모르게 건강이나 행운을 불러온다는 행동, 이를 테면 나무를 두드리는(나무를 두드리면 행운이 온다는 미신이 있다) 것과 같은 행동을 한다. 도박이나 스포츠를 힐 때면 매번 같은 습관을 반복한다.

많은 사람들이 신문에서 '오늘의 운세'란이나 잡지에서 '별자리 운세'를 놓치지 않고 보는 등, 정도의 차이는 있지만 한두 가지쯤은 미신을 믿는다. 해서 손해볼 일이 아니라면 불행을 막아주거나 행운을 가져다주는 행동을 해보는 것도 나쁘지는 않다고 생각하는 것이다. 문제는 이러한 미신에 대한 믿음이 우리의 삶 자체를 방해할 지경에 이를 수도 있다는 사실이다. 사실무근의 미신이나 징크스 따위에 집착한 나머지 자신의 삶까지 지배당하는 사람들도 적지 않다. 그러나 수영선수가 그날의 운세에 '물가에 가까이 가지 말라'고 했다고 해서 대회 참가를 포기할 수는 없는 노릇이다.

극단적인 예이기는 하지만 무엇이든 강박적인 상태에 이르면 불안이 찾아온다. 미신은 자기 마음속의 불안감에서 비롯된 환상일 뿐이다. 우리는 누구나 실패를 두려워한다. 실패를 어떻게든 피하고자 하는 심리가 징크스나 운세에 의지하게 만든다. 이러한 두려움은 우리의 생각과 행동에 영향을 미친다. 그러면 실제로도 마음이 움츠러들어서 병에 걸리거나 사고가 날 확률이 높아진다. 게다가 자신이 중요한 일을 해낼 만한 능력이나 가치가 없다고 느낄 때 더욱 부정적인 생각에 휩쓸린다. 중요한 기회가 와도 스스로가 그것을 망쳐버리는 경우도 있다. 이럴 때 운명을 예견하거나 행운과 불행을 불러오는 여러 가지 미신들이 변명거리로 등장한다. 행운의 빨간 양말을 신지 않았다거나 보도블록의 갈라진 틈을 밟아서 재수가 없을 거라고 얘기할 수 있겠지만, 이는 스스로가 만들어낸 덫에 불과하다. 또한 어느 정도는 자신이 통제할 수 있는 것과 그렇지 못한 것을 구분하는 판단력을 잃었기 때문이기도 하다. 스스로 삶을 통제할 수 있다면 자신의 행동이 어떤 결과를 낳을지 합리적으로 판단할 수 있다. 그러나 자신의 삶에 대한 통제력이 없으면, 이러한 상관관계를 이해할 수 없다. 원인과 결과의 상호관계가 애매해지는 것이다. 자신에게 일어나는 일과 자신 때문에 발생하는 일을 구별하는 능력을 잃고 만다.

한두 번의 경험(그것도 우연의 일치에 불과한 일들)이 사고를 지배하게 되면 똑같이 문제가 반복되는 것처럼 보이고 결국에는 이와 관련된 의식이나 행동을 반복하는 노예가 된다. 한두 번의 실수를 미래로까지 확대시켜 생각하는 과잉 일반화와 앞으로의 일을 지레짐작해서 좋지 않은 결과가 일어날 거라고 추측하는 부정적 사고에 젖어드는 것이다. 이것을 우리는 흔히 징크스라고 부른다. 이런 사람들은 자기가 이뤄놓은 '업적'보다 실패한 일들만 기억하는 경향이 많다. 징크스에서 벗어나려면 부정적인 기억을 자기가 일구어낸 것, 성공한 일 등과 같은 긍정적인 기억으로 전환시키는 작업이 무엇보다도 필요하다.

   인생에는 우리가 아무리 열심히 노력해도 어쩔 수 없는 일들이 있다. 날씨, 다른 사람들의 행동 양식, 혹은 주가지수 같은 것들은 내 마음대로 할 수 없다. 그러나 자신의 의지에 따라 얼마든지 변화시킬 수 있는 일임에도 불구하고 그것에 대한 결정을 미루고 아무런 조처를 취하지 않아서는 안 된다. 인생에서 유일하게 확실한 것은 아무것도 확신할 수 없다는 사실이다. 그렇다고 해서 마냥 아무런 일도 하지 않은 채 운명의 여신이 자신의 앞날을 결정하도록 해야 한다는 것은 아니다. 얼 나이팅게일은 『가장 낯선 비밀』이란 책에서 "사람은 자신이 생각하는 모습대로 되는 것이다"라고 말했다. 지금 자신의 모습은 자신의 생각에서 비롯된 것이다. 내일 다른 자리에 있고자 한다면 생각을 바꾸면 된다.

삶에 행운을 더하는
운을 끌어 당기는 방법 4

16. 새로운 도전 시도하기
새로운 경험은 운을 끌어당기는 데 효과적입니다.

17. 자신감 갖기
자신감은 긍정적인 에너지를 불러일으켜 운을 좋게 만듭니다.

18. 운이 좋은 음악 듣기
기분을 좋게 하는 음악으로 에너지를 충전하세요.

19. 운이 좋은 향기 사용하기
향수나 아로마 오일로 좋은 기운을 유도하세요.

20. 운이 좋은 사람과의 대화 늘리기
긍정적인 대화는 좋은 기운을 확산시킵니다.

19. 항상 어딘가에 걸려 넘어지고 물건을 떨어뜨리곤 한다

의자가 어디에 있고 내 발이 어디에 있는지 안다. 그러나 항상 부딪힌다. 같은 자리에 있는 줄에 계속해서 넘어진다. 매일 문에 어깨를 부딪치곤 한다. 늘 무언가를 떨어뜨리고, 걸려서 넘어지고, 망가뜨린다.

사고를 잘 일으키는 운명을 타고난 사람은 없다. 덤벙대는 것을 선천적이라고 보기는 어렵다. 물론 단순히 잠깐 부주의했거나 무언가를 생각하는 중이었다고 변명할 수도 있다. 그러나 늘 그렇게 덤벙대고 물건을 망가뜨린다면 무언가 그 이상의 이유가 있을 것이다.

가장 먼저 생각해볼 수 있는 원인은 스스로 자신이 덤벙댄다는 것을 지나치게 의식하기 때문일 수 있다. 계단을 오르다가도 문득 발을 헛디뎌 넘어지지 말아야겠다는 생각이 들면 자꾸 발걸음에 신경을 쓰고, 그 생각에 집착한 나머지 오히려 쿠당탕 넘어지고 만다.

일단 스스로가 자신을 대책 없는 덜렁이로 간주해 버리면, 넘어지고, 물건을 떨어뜨리고, 망가뜨리는 일은 역시 자기다운(?) 자연스러운 일이 된다. 특히 어릴 때 덜렁거린다는 야단을 많이 듣고 자란 사람은 성인이 되어서도 여전히 자기는 으레 꽃병을 깨뜨리거나 자전거에서 떨어지는 사람이라고 생각한다.

하지만 개인의 특성은 오랜 세월에 걸친 여러 가지 경험을 통해 형성된다. 이 세상에 '선천성 덤벙 과다증'이란 병은 없다. 다만 이런 행동을 하는 것은 불안정한 심리와 관계가 있다. 의자에 걸려 넘어질 거라는 "기대'와 항상 걸려 넘어지곤 하는 자신에 대한 '확신'이 실제로 멀쩡하게 잘 걸어가다가도 의자에 걸려 넘어지는 행동으로 나타나는 것이다. 내가 어디로 가고 있는지 모른다는 생각의 지배를 받다 보면 실제로 방향감각이 없어지는 것도 이와 마찬가지 이치이다.

어쩌면 당신은 마음속에 해소 할길 없는 분노를 쌓아놓고 있는지도 모른다. 기분이 안 좋을 때 특히 더 덤벙거리게 된다는 사실을 느껴본 적이 있는가? 평소에는 미처 깨닫지 못했던 내면의 분노가 때로는 이처럼 자신을 괴롭히는 행동으로 표출되는 것이다.

물론 실제로 운동능력이 부족한 사람도 있다. 그렇다면 사물을 지각하는 인지력이나 균형 감각을 훈련할 필요가 있다. 조금 우스꽝스럽게 느껴지겠지만, 방이나 거실에 장애물 코스를 설치해보자. 방 한가운데 의를 놓아두고 돌아가거나 넘어갈 수 있는 장애물을 마련한다. 처음에는 천천히 장애물 코스를 걷는다. 대여섯 바퀴를 돌고 난 뒤에는 자신감을 가지고 좀 더 속력을 내서 걷는다. 이렇게 하루에

한 번 5분씩, 다른 장애물이 생겨도 부딪치거나 쓰러뜨리지 않고 잘 움직일 수 있을 때까지 매일 연습한다.

마지막으로, 목표가 분명해지면 신체의 균형 감각이 훨씬 더 발달될 수 있다. 자신이 정확하게 어디로 향하고 있는지 되새겨줄 수 있는 지도나 도표를 정성껏 그려본다.

예를 들면, 앞으로 1년 동안의 수입 목표는 어느 정도인가? 지금부터 5년 후의 목표는? 그리고 은퇴할 때쯤에는? 자신의 목표는 무엇이며 이를 성취하기 위해서 얼마나 잘 해나가고 있는가? 개선할 점은 없는가? 새로 외국어를 공부할 계획은? 이런 목표를 언제쯤 모두 달성하고 싶은가? 이처럼 자신에게 중요하다고 여겨지는 모든 것들을 하나하나 계속 확인하고 나열해본다.

자신의 목표를 일단 글로 적어두면 강한 목적의식이 생기고 목표를 향한 방향감각을 갖추고 그것을 실현하는 데 도움이 되는 정보들을 얻을 수 있다. 또한 그와 같은 인생의 지도를 정기적으로 점검해 본다면 다시는 길을 잃어버리지 않을 것이다.

삶에 행운을 더하는
운을 끌어 당기는 방법 5

21. 운이 좋은 일에 집중하기
좋은 일에 집중하면 더 많은 행운이 따라옵니다.

22. 운을 끌어당기는 시각화 연습하기
목표와 운이 좋아지는 모습을 상상하세요.

23. 운이 좋은 기회 포착하기
기회를 놓치지 않도록 항상 눈을 뜨고 있으세요.

24. 운이 좋은 습관 유지하기
꾸준한 습관이 운을 지속적으로 끌어당깁니다.

25. 자신을 사랑하고 돌보기
자기 자신을 사랑하면 긍정적인 에너지가 넘칩니다.

20. 권위적인 사람 앞에서는 자꾸 움츠러든다

> 상사가 내 옆을 지나갈 때면 심장이 두근거린다. 경찰관이 나에게 질문을 하러 다가오면, 당황해서 어쩔 줄을 모른다. 단지 친구를 데리러 왔다 하더라도 진찰실에 들어갈 때면 긴장이 된다. 누군가가 책임자라고 자신을 소개하면 괜히 초조해져서 거의 분별력을 잃어버릴 지경이다. 공무원을 대할 때면 무기력해지거나 때로는 엄청나게 기가 꺾인다.

이런 행동은 대개 다음 두 가지 중에 하나를 그 원인으로 볼 수 있다.

첫째는 어린 시절 권위적인 누군가를 두려워했던 경험이나 유달리 엄격했던 부모나 선생님, 또는 이웃에 이르기까지 그 대상은 누구라도 될 수 있다. 이러한 사람들 밑에서 자기 의견이나 주장을 제대로 펴보지 못한 사람에게서 이런 성격이 나타난다. 단 한 번의 경험이라도 부정적인 영향을 미칠 수 있다.

이런 경우가 아니라면 어린 시절부터 권위가 있는 사람들에 대해서 늘 존경심을 가져야 한다고 배웠을 수도 있다. 이럴 때 아이는 자기 의견을 표현하는 데 죄책감과 두려움을 느끼고, 어른이 되어서도 권위에 대해 순종해야 된다는 가르침이나 그것에 대해 두려워하는 마음에서 벗어나지 못하는 것이다.

권위에 대한 두려움에 사로잡혀 있는 사람은 자신이 다른 사람들과 동등하지 못하다고 생각할 뿐만 아니라 마치 성인의 세계에 사는 어린아이와 같다. 따라서 권위적인 사람이나 어떤 권한을 가진 사람을 대하면 쉽게 의기소침해지며, 정도가 심한 경우에는 그가 요구하는 것은 무엇이든지 다 해야만 한다고 생각하고, 그런 요청에 의문을 제기하는 것조차 잘못이라고 여긴다. 결국에는 자신의 판단에 대해 자신감을 갖지 못하고 주변에 대해 너무나 의존적인 사람이 된다.

서커스단의 아기 코끼리는 서커스단에 끌려오는 그 순간부터 단단한 밧줄이나 사슬로 기둥에 묶인다. 아기 코끼리는 사슬에서 벗어나려고 발버둥치지만 사슬이 너무나 단단해서 아직 어린 코끼리의 힘으로는 그것을 끊기란 불가능하다. 그러나 코끼리가 더 자라나 힘이 세지더라도 조련사는 밧줄을 더욱 단단히 묶거나 더 큰 쇠사슬을 사용할 필요가 없다. 코끼리는 어렸을 때에 경험을 통해 사슬을 끊는 것은 불가능하다고 판단을 내리고 더 이상 탈출을 시도하지 않기 때문이다. 그래서 어른 코끼리를 줄 하나만을 가지고서도 의자에 묶어놓을 수 있는 것이다.

과거에 만들어 놓은 어떤 한계에 얽매이지 말아야 한다. 어제는 어려웠던 일이 오늘은 쉬울 수도 있다. 두려웠던 일이 즐거운 일이 될 수도 있다. 불가능해 보이던 것이 완전히 자신의 손아귀에 들어올 수도 있다.

당신을 주눅 들게 하는 사람들의 '권위'는 당신이 그들에게 부여한 힘으로부터 비롯된다. 그들은 자신이 허락한 사람만이 자신에 대해서 힘을 발휘할 수 있다. 자신에 대한 영향력을 부인하고 거부하는 그 순간부터 그 사람은 무력해진다. 그러니 인식의 변화가 필요하다. 어린아이였을 때는 부모나 '힘 있는' 주위 사람들이 야단을 치면 아무 힘없이 당할 수밖에 없었지만, 어른이 된 지금은 상황이 다르다.

무엇보다 스스로에 대해 확신을 갖는 것이 중요하다. 그렇다고 무턱대고 외부의 권위에 대항하여 맞서 '싸우라는' 것은 아니다. 어떤 사람들은 실제로 당신에게 힘을 발휘한다. 예를 들어, 세무서 직원의 요구에 협력하지 않는다면? 당연히 문제가 발생할 것이다.

아무튼 자신에게 선택권이 있다는 것을 알고 나면 힘이 생기게 될 것이다. 삶은 스스로 만들어 가는 것이다. 어느 누구도 당신에게 매 순간 인생을 어떻게 살아가라고 지시할 수 없다. 선택은 오직 자신에게 달려 있다.

삶에 행운을 더하는
운을 끌어 당기는 방법 6

26. 운이 좋은 사람에게 감사 표현하기
  감사하는 마음을 전하면 더 많은 행운이 옵니다.

27. 운이 좋은 일에 적극 참여하기
  적극적으로 참여하면 기회와 행운이 따라옵니다.

28. 운을 끌어당기는 일상 루틴 만들기
  일상 속 작은 습관들이 큰 행운을 만들어냅니다.

29. 운이 좋은 책이나 콘텐츠 읽기
  긍정적이고 영감을 주는 자료를 접하세요.

30. 자연과 교감하기
  자연 속에서 힐링하며 좋은 기운을 흡수하세요.

제4부

21. 남들의 비밀이나 고백에 유달리 관심이 많다

자신과 관계없는 다른 사람들의 대화에도 귀를 쫑긋 세우고, 남의 방 앞을 지나갈 때면 멈추어 서서 대화에 잠시 귀를 기울인다. 아무리 별 볼일 없는 이야기라도 남의 은근한 비밀 이야기라면 호기심이 발동한다.

사람들은 누구나 다른 사람의 생활을 훔쳐보고 싶은 욕구를 가지고 있다. 그래서 때로는 다른 사람의 대화를 엿듣기도 하고, 심한 경우에는 다른 사람의 모습을 엿보기도 한다. 그러나 타인 일상에 대한 호기심 이상으로 지나친 관심을 가지고 있다면 문제가 있다.

'문제'가 있는 사람들은 다른 사람의 생활을 엿보며 이를 위안으로 삼는다. 변덕스럽기 짝이 없는데다 신경이 과민한 사람이 비단 자기 혼자만이 아니라는 사실, 지나온 일들을 후회하고 미래에 대해 불안해하며 고민하는 것은 단지 자신만이 아니라는 사실을 확인하고 안도의 숨을 내쉬는 것이다.

게다가 자동차사고 현장을 기웃거리는 사람처럼 다른 사람들의 일이 잘못 되었을 때 호기심이 더욱 발동한다. 적어도 그 상황에 처한 사람이 자기가 아니라는 사실에서 위안을 얻는 것이다.

자신의 '호기심'이 불안한 마음에서 비롯된 것이라면, 살아가는 데 필요할지도 모를 정보를 모아두려는 무의식적인 욕구에서 다른 사람에 대한 모든 정보를 수집하려는 것일 수도 있다. 다음에 무슨 일이 일어날지 모르기 때문에 가능한 한 많은 정보를 가지고 이에 대비하고 싶은 것이다.

이런 사람에게는 우선 취미생활을 시작하라고 권하고 싶다. 취미생활을 하면 긴장을 해소할 수 있을 뿐 아니라 자신의 페이스대로 일할 수 있기 때문이다. 약간의 여가라도 즐기지 않으면 일상이 판에 박힌 생활이 되어 정신적으로 둔해진다. 가능하면 평상시에 자신이 하는 일과는 반대되는 일을 선택하여 즐겨보자. 회계사라면, 하키나 농구 같은 육체적인 스포츠를 선택한다. 하루 종일 자동차기어를 다루는 사람이라면, 성인을 위한 문화강좌를 듣는다. 정신적인 그리고 육체적인 단련을 동시에 할 수 있는 무술(태권도, 쿵푸, 합기도), 양궁, 사격, 펜싱 등을 해도 좋다.

타인에 대한 동정심을 기르는 것도 문제 해결에 큰 도움이 된다. 다른 사람의 실수를 캐내려고 하는 마음을 자신보다 불안한 사람들에게 도움을 주는 방향으로 전환시켜본다. 당신이 따뜻하고 편안하게 대화할 수 있는 인내심과 능력이 있는 사람이라면 청소년상담이나 독서 지도교사로 자원봉사에 나설 수도 있을 것이다. 또 주변에 대한 사랑과 에너지가 넘치는 사람이라면 환경정화운동에 참가할 수도 있다.

조마조마한 마음으로 다른 사람의 얘기를 엿들으면서 죄의식을 느끼지 말고, 다른 사람의 인생에 긍정적인 변화를 가져다주는 일을 함으로써 깊은 만족과 기쁨을 느껴보자.

자신의 능력을
제대로 발휘할 수는 있는 방법 1

1. **목표 설정하기**

   명확하고 구체적인 목표를 세우면 집중력과 동기 부여가 높아집니다.

2. **계획 세우기**

   단기 및 장기 계획을 만들어 체계적으로 목표를 향해 나아가세요.

3. **시간 관리 능력 향상**

   우선순위를 정하고 효율적으로 시간을 배분하여 생산성을 높이세요.

4. **자기 계발에 투자하기**

   새로운 기술이나 지식을 습득하는 데 꾸준히 노력하세요.

5. **긍정적인 태도 유지**

   긍정적인 마인드셋은 어려움 속에서도 능력을 발휘하는 데 도움을 줍니다.

22. 사랑받지 못하는 존재다

> 세상은 갈수록 적대적이 되고 삭막해져 가는 것 같다. 심지어 가족과 친구들까지도 점점 더 멀어지는 것처럼 느껴진다. 때때로 세상이 나를 버리고 모든 사람들이 나를 거부한다는 생각이 든다. 다른 사람에게서 사랑을 받고 애정을 얻기 위해서라면 무슨 짓이라도 할 것이다.

이러한 사람들은 자신의 욕구와 정반대로 행동하기가 쉽다. 사랑받기를 절실히 갈망하면서도 다른 사람에게 거부당하거나 고통받고 상처받는 것을 두려워하여 주위에 휘장을 둘러치고 그 안에 들어앉아 자신을 가두어버리는 것이다. 자기를 보호하는 것이 최우선이라고 생각하며 어떻게든 살아남고자(?) 애쓴다.

그렇게 간절히 원하는 사랑과 관심을 얻는다 해도 또 다른 상처나 위험을 두려워하여 마음의 벽을 만든다. 이처럼 닫혀 있는 마음의 문을 열지 않으면 아무리 다른 사람이 안으로 걸어 들어오려고 해도 소용이 없다. 마음의 문에는 오직 안으로만 손잡이가 달려 있을 뿐이니까.

자기만의 세계를 침범하는 사람들은 누구를 막론하고 모두 거부하며 쫓아내버린다. 그러면서도 빈 가슴을 끌어안은 채 슬픔에 잠겨 나지막하게 중얼거린다. "아! 나도 사랑받고 싶다." 그러나 그 소리는 내 안에서 헛된 메아리로 울려 퍼질 뿐, 다른 사람의 귓가에 가 닿기도 전에 흩어져버린다. 오히려 그러한 자신의 마음을 들키지는 않을까 전전긍긍한다. 사랑을 받을 자격이 없다고 생각하기 때문이다. 그러나 사랑을 받을 수 있는 특별한 자격이라는 것이 따로 있을까?

주위에 울타리를 만들고 자신을 방어하려고 하는 것은 오직 자신밖에 생각할 줄 모르는 이기적인 마음에서 비롯된 것이다. 자신에 대한 관심, 야망, 욕구들로 마음이 가득하다면 타인의 사랑을 받아들일 공간은 없다.

다른 모든 감정과 마찬가지로 사랑은 서로 주고받는 것이며, 자신이 가지지 못한 것을 다른 사람에게서 받기는 힘들다. 욕심과 증오로 가득한 사람들은 주변 사람들에게서 욕심과 증오만을 발견한다. 자신의 마음속에 사랑이 없으면 사랑이 다가와도 이를 받아들일 수 없다.

그렇다면 조건 없이 사랑을 나누는 경험을 해볼 필요가 있다. 사람과 관계를 맺기 힘들다면 애완동물을 한번 길러보라고 권하고 싶다.

연구결과에 따르면 애완동물을 돌보는 환자들이 빨리 회복한다고 한다. 왜 그럴까? 그 이유는 애완동물에게는 무조건적인 사랑을 베풀 수 있고, 동물들은 그 즐거움을 온전히 되돌려주기 때문이다. 애완동물은 쉽게 사랑할 수 있으며, 대가를 바라지 않고 사랑을 나눈다는 것도 기분 좋은 일이다. 특히, 개들은 주변을 어슬렁대며 주인의 애정 어린 손길을 느끼는 것 외에는 아무것도 바라지 않는다.

게다가 애완동물을 기르는 데는 아무런 모험도 따르지 않는다. 실수로 동물의 감정을 상하게 할 말을 하지나 않을까 걱정할 필요가 없으며, 항상 최선을 다해야 한다는 중압감을 느낄 이유도 없다. 개, 고양이, 새, 물고기, 토끼 등 모든 동물들은 가장 기본적인 욕구 외에는 아무것도 요구하지 않을 뿐만 아니라, 오직 나만의 방식대로 사랑할 수 있다.

때로는 그들도 자기들안의 방식으로(꼬리를 흔든다든지, 얼굴을 핥는다든지) 사랑을 표현한다. 외로움에 지친 당신의 이야기를 아무 반문 없이, '왜?'라는 말이나 '잠깐, 그러니까 내 생각은 말이지'라는 말로 당신의 말을 끊고 끼어들거나 야단을 치는 일 없이 곁에서 조용히 들어준다.

자신에게 절대적으로 의존하는 누군가를 보살피는 일은 외로움이나 고독으로부터 당신을 구출해준다. 일단 사랑을 주고나면 다른 사람들로부터 사랑을 받기도 쉬우며 그 사랑을 열린 마음으로 받아들일 수 있다.

역설적으로 들릴지도 모르겠지만 자신의 가치를 알고 스스로 아끼고 사랑하는 사람들이 사랑을 더욱 많이 받는다. 은행에서 돈을 필요로 하지 않는 사람에게 더 적극적으로 대출을 해주려고 하는 것과 같은 이치다.

자기를 사랑하고 너그러운 이를 사람들은 신뢰한다. 지금 바로 이 순간부터 자신을 사랑하자. 언제 일어날지도 모르는 일들, 히말라야에 오른다거나, 최대 규모의 기업합병을 실행한다거나, 철인 3종 경기를 해낼 수 있을 때까지 기다리지 마라. 지금 바로 실천해라. 호숫가 근처의 작은 집에서 일주일을 보내리라는 생각을 아직도 실행에 옮기지 못했다면 지금 당장 짐을 꾸려라. 관심은 있었지만, 나중으로 미뤄두었던 조종훈련도 받아보라.

인생에서 느끼는 정열과 환희의 참 의미를 아는 사람은 다른 사람들에게 거부할 수 없는 존재로 다가간다. 자신을 사랑하는 마음이 너무 커서 다른 사람을 사랑할 마음이 부족하지 않을까 하고 걱정하지 마라.

자신의 능력을
제대로 발휘할 수는 있는 방법 2

6. 피드백 수용하기
타인의 조언과 비판을 겸허히 받아들이고 개선에 활용하세요.

7. 건강 관리하기
신체적, 정신적 건강은 능력을 최대한 발휘하는 데 필수적입니다.

8. 스트레스 관리
명상, 운동 등으로 스트레스를 효과적으로 해소하세요.

9. 자신감 키우기
작은 성공 경험을 쌓으며 자신감을 높이세요.

10. 집중력 향상
방해 요소를 제거하고 몰입하는 습관을 기르세요.

23. 남의 험담이나 연예인 얘기를 즐긴다

> 남의 일에 대해 이러쿵저러쿵 수다를 떠는 것만큼 재미있는 일이 없다. 전화기를 집어 들고 누군가에게 '최근 소식'을 알리며 기회(?)가 되는 대로 열심히 신이 나서 온갖 험담을 늘어놓곤 한다. 신문이나 잡지의 가십란을 열심히 읽으며 알지도 못하는 사람에 대한 소식을 떠들고 다닌다.

누구나 가끔 이런 행동에 대해서 죄책감을 느끼지만, '아니 땐 굴뚝에 연기 나느냐'며 험담을 즐기는 사람들도 있다. 만약 당신이 주위 사람들에게 이런 최근 소식을 전하는 것을 즐기는 사람에 속한다면 그 이유는 대개 이러하다.

남의 이야기를 하는 것은 진짜 그 사람들에게 관심이 있기 때문이 아니다. 물론 아주 관심이 없는 것은 아니지만 그것이 전부는 아니다.

단순한 관심을 떠나 그들을 비난하고 화젯거리로 삼으면서 사실은 자신을 괴롭히는 두려움이나 불안, 분노 등의 감정을 잠시라도 잊으려는 것이다.

게다가 다른 사람의 실수를 알면 그다지 자랑스럽지 못한 자신의 행동이 차라리 더 낫다고 생각하기도 한다. 자신이 처한 피곤한 상황을 지시하는 것보다는 나 못지않은 다른 사람의 인생에 대해 관심을 돌리는 것이 사실 더 재미있긴 하다.

때로는 험담을 하면서 스스로가 힘 있는 존재인양 느끼기도 한다. 다른 사람이 모르는 사실을 알고 있으며 언제나 새로운 소식을 전해 주는 자신에게 사람들이 몰려들면 그것을 통해 마치 대단한 권력이라도 쥐고 있는 것처럼 느끼는 것이다.

생일선물이나 깜짝 파티에 대한 힌트를 주는 사람도 의심할 여지 없이 이런 유형의 인물이다. 새로운 소식을 듣기 위해 자신의 말 한마디 한마디에 귀 기울이는 사람들을 볼 때 자랑스러워 어쩔 줄을 모른다. "난 네가 모르는 걸 알고 있어"라고 뽐내는 어린아이와 다를 바 없다.

자신에 대하여 느끼는 부정적인 감정을 다른 사람들에 대한 험담을 통해 대신 표현하는 것이다.

하지만 다른 사람들을 중상 모략한다고 해서 자기 자신이 나아지는 것은 결코 아니다. 자신의 관심을 부정적인 것에서 좀 더 긍정적인 것으로 옮겨야 한다. 점잖지 못하고 선정적인 내용을 다루는 텔레비전 쇼라든가 신문, 잡지 등을 던져버리고 평범한 환경에서 위대한 결과를 얻어낸 사람들에 관한 이야기들을 읽어보라.

'위인들은 사상을 논하고, 보통 사람들은 사물을 논하고, 소인배들은 다른 사람에 대한 얘기를 한다'고 했다. 최신 소식에 귀가 솔깃하고 다른 사람들에게 그것을 얘기하고 싶어질 때마다 스스로에게 질문해보라.

"이것이 과연 누구에게 이득이 되겠는가?"

자신과 얘기하고 있는 상대방이나 화제에 오른 사람 모두에게 아무런 도움이 되지 않는다면 이야기하자 말라. 그리고 그 소문의 주인공이 당할 고통을 한 번이라도 떠올려본다면, 남에 대해 함부로 평가를 내리는 일에 조심스러울 것이다.

선량하게 살던 한 사람이 동네사람이 퍼뜨린 잘못된 소문으로 큰 피해를 입었다. 결국 그 선량한 사람은 자신을 모함한 사람을 찾아가서 사실을 이야기했다. 그러자 모함을 한 사람은 자신의 잘못을 인정하고 용서를 빌었다.

선량한 사람이 말했다.

"좋아. 그러면 내가 시키는 대로 하게. 나와 함께 산으로 가서 오리털 베개를 뜯어 사방에 오리털을 날리게."

모함을 한 사람은 그대로 했다. 그러자 선량한 사람이 말했다.

"이제 그 오리털을 다 찾아오게."

그 말에 모함한 사람이 몹시 당황하여 물었다.

"아니, 사방으로 날아간 오리털을 어떻게 찾나?"

그러자 선량한 사람이 대답했다.

"바람에 날아간 오리털을 다 찾을 수 없듯, 이미 새어나간 말은 결코 찾아올 수 없다네. 그러니 다시는 함부로 남의 이야기를 하지 말게."

우리는 남을 비판하기는 쉬워도 칭찬해주고 격려해주기는 어려운 시대에 살고 있다. 다른 사람에 대한 무책임한 비난은 비수처럼 상대방의 가슴에 큰 상처를 남긴다. 한마디를 하더라도 책임 있게, 그리고 가능하면 따뜻한 사랑을 담아 전달할 줄 아는 사람이 그리운 요즘이다.

자신의 능력을
제대로 발휘할 수는 있는 방법 3

11. 창의력 개발
새로운 아이디어를 탐구하고 실험하는 시간을 가지세요.

12. 네트워킹 강화
다양한 사람들과 교류하며 새로운 기회를 만드세요.

13. 실패를 두려워하지 않기
실패를 성장의 기회로 삼아 계속 도전하세요.

14. 자기 반성하기
정기적으로 자신의 성과와 행동을 돌아보세요.

15. 멘토 찾기
경험 많은 멘토의 조언을 받아 성장의 방향성을 잡으세요.

24. 언젠가 죽는다는 것이 두렵다

> 사실은 '죽음'이라는 단어를 입에 올리는 것조차 편치 않다. 때론 죽음에 대해 긴 인생 여정의 한 단계로 생각할 때가 있다. 그러나 죽음에 대한 생각만으로 미쳐버릴 정도로 무서울 때가 있다. 여러 가지 죽는 방법에 대해서 생각하느라 몇 시간을 보내는 경우도 있다.

'죽음'은 우리가 피할 수 없는 삶의 현실 가운데 하나이다. 그 누구도 죽음이라는 운명에서 자유로울 수 없다. 우리 중 누구도 최후의 순간이 언제 다가올지 알지 못한다. 그렇기 때문에 우리는 더욱더 어떤 식으로 최후를 맞이하게 될지, 순간순간 죽음에 대한 막연한 두려움에 사로잡힌다.

어쩌면 죽음은 우리 인간의 힘으로 어찌할 수 없는, 신의 영역에 속하는 문제일지도 모른다. 다만 어떻게 그 순간을 준비하는가(살아나가는가) 하는 문제만이 우리의 의지대로 할 수 있는 일인 것 같다. 적어도 평화로운 죽음을 맞이하느냐 아니면 고통 속에서 눈을 감게 되느냐 문제만큼은 우리의 노력 여하에 따라 달라질 수 있다.

마찬가지로 죽음을 대하는 태도도 우리의 선택에 달려 있다. 어떤 사람들은 마치 자신은 영원히 살 것처럼 생활하는 반면, 어떤 사람들은 죽음에 대한 생각에 너무나 몰두한 나머지 언제 잃게 될지 모르는 인생을 즐기지 못하는 경우도 있다. 두 가지 모두 그다지 긍정적인 태도라고는 할 수 없지만, 후자는 인생 자체에 대한 의욕을 상실하고 있다는 데 더 큰 문제가 있다.

어떤 집착이든 쉽사리 사라지지 않고 지속된다면 틀림없이 마음이 불안하다. 그밖에도 죽음에 몰두하는 원인이 따로 있다. 바로 '죽음'이라는 문제에 필연적으로 뒤따를 수밖에 없는 불확실성 때문에 '영원할 것'을 추구하지만 그렇게 하는 과정에서 두려움은 더욱 커진다는 사실이다.

이미 자신이 알고 있는 과거를 놓아 버리기가 너무 두려운 미지의 세계인 오늘을 충실히 살아갈 수 없기 때문에 이미 죽어버린 과거에 집착하며 그것에만 강하게 매달리는 것이다. 이런 경향을 보이는 사람은 대체로 큰 위험은 감수하려 하지 않으며, 자신이 이미 얻어놓은 기반을 잃게 되지 않을까 두려워하고 고민한다.

때로는 장래에 대단한 사람이 될 것이라는 기대감에 부풀기도 한다. 미래에는 무언가를 성취하고 큰 영광을 얻을 수 있을 거라고 생각하는 것이다. 그러나 여전히 하루하루를 충실하게 살지는 않는다.

그래서 더욱 죽음을 두려워하는 것이다. 아무것도 성취하지 못한 채 불완전한 상태로 끝나는 여행을 상상하기 때문이다.

어떤 의미에서 우리는 매일 죽어가고 있다. 역설적이긴 하지만 또한 그래서 살아갈 수 있는 것이다. 죽은 잎들은 나무에서 떨어지고 껍질을 뚫고 새로 자라나는 새싹에게 자리를 양보한다. 우리 몸의 세포들도 매일 새롭게 재생된다. 조직, 피부, 두개골 등 모든 부분이 날마다 새로 태어나는 것이다. 때가 되면 낡은 것은 사라지고 새로운 것에 길을 열어주는 것이 자연의 법칙이다. 우리가 완전히 새롭게 태어나는 것을 방해하는 유일한 장애물은 바로 자신의 생각이다. 허물을 벗듯 자신이 짊어진 '과거'라는 무거운 짐을 벗어내는 작업을 거부하기 때문에 삶에 대한 두려움과 근심이 생겨나며 결국엔 생기를 잃어버리는 것이다.

하루하루를 완전하게 자신의 것으로 만들며 살아갈 수 있다면, 죽는다는 사실을 두려워할 필요는 없다. 물론 하루 이상 걸려야 이루어낼 수 있는 목표나 계획들도 있지만, 그러한 일들도 오늘을 후회 없이 충실히 살아가다 보면 언젠가는 이루어진다. 내가 발 딛고 서 있는 오늘 하루가 제일 중요한 것이다. 그리고 열심히 뛰고 난 후에는 그날 하루도 '흘려보내야' 한다. 플라톤의 말을 빌자면, "죽음을 연습하라."

잠자리에 들기 직전에 모든 심리적 빚을 청산하라. 자신에게 무슨 일이 일어났는지 돌아보고, 금전출납부를 쓰고 난 후처럼 '장부'를 덮어버려라. 특히 좋은 일에 생각을 집중하라. 자신의 인생이 가져다준 선물에 감사하면서 시간을 보낸다면 죽음을 생각하는 시간은 그만큼 줄어들 것이다.

그리고 오늘을 자신의 처음이자, 마지막이며 유일한 날인 것처럼 즐겨라. 우리에게 주어진 시간은 한정되어 있다. 그렇기 때문에 우리의 에너지를 죽음에 대한 쓸데없는 걱정에 쏟지 말고 '앞으로 살아갈 일'에 쏟아야 하는 것이다.

이다음에라도 죽음에 대한 생각에 깊이 빠져드는 자신을 발견한다면 재빨리 현실로 돌아와야 한다. 그리고 당신을 둘러싸고 있는 주위를 돌아보고 글을 쓰듯이 하나하나 그 광경을 묘사해보라.

"나는 편안한 의자에 앉아, 텔레비전에서 상영하는 피겨스케이팅을 보고 있다. 태양은 창밖에서 눈부시게 빛나고 고양이는 소파 뒤쪽에 몸을 쭉 뻗고 누워 있다."

일단 현재의 순간으로 돌아오고 나면, 다음과 같이 질문해보라.

"바로 지금 내 인생에서 가장 멋진 일은 무엇일까? 나 자신을 행운아로 느끼게 해주는 것들은 과연 무엇일까?"

자신의 능력을
제대로 발휘할 수는 있는 방법 4

16. 적절한 휴식 취하기
충분한 휴식은 재충전과 창의력 향상에 도움을 줍니다.

17. 도전 정신 갖기
새로운 일에 도전하며 한계를 넓히세요.

18. 자기 효능감 키우기
작은 성공을 통해 자신이 할 수 있다는 믿음을 가지세요.

19. 학습 습관 기르기
꾸준한 독서와 학습으로 지식을 확장하세요.

20. 문제 해결 능력 강화
문제의 원인을 분석하고 해결책을 찾는 연습을 하세요.

25. 전화번호건 해야 할 일이건 까맣게 잊어버린다

> 누군가와 인사를 나눈 후에 단 몇 분도 안 되어 그 이름을 잊어버린다. 집에 가는 길에 세탁소에 들러야 한다고 몇 번이나 다짐을 했는데도 집 앞에 와서야 비로소 생각이 난다. 너무나 정신이 없어서 길을 걷다가 벽에 부딪히거나 아래층 아파트의 초인종을 누르곤 한다.

기억이란 고도로 조직화된 복잡한 과정이다. 기억력의 손상을 유발하는 질병 때문이 아니라면 전화번호든 해야 할 일이든 까맣게 잊어버리는 것은 그만큼 정신이 산만하다는 증거이다. 무언가 특별한 일에 마음을 뺏기고 있다거나 생각이 정리되어 있지 않고 마음이 불안하면 말 그대로 '정신이 없다'고 밖에 표현할 수 없는 것이다.

스스로 정신이 없다고 생각해 버리면, 이런 상황은 더욱 악화된다. 무언가 잘 기억이 나지 않을 때, 제일 먼저 떠오르는 생각은 '난 정말 건망증이 심하단 말이야. 어떻게 이렇게 까맣게 잊어버릴 수가 있지?'라는 변명이 대부분이다. 바로 이런 생각 때문에 애초에 자신이 기억하려 했던 것을 떠올리지 못하는 것이다.

심지어는 무언가를 생각해 내려고 하기도 전에 이미 기억해 내기 어려울 것이라는 암시로 기억을 방해해서 자신을 그런 식으로 만들어버린다. 자기 암시란 그렇게 무서운 것이다.

하지만 자기 암시를 긍정적인 방향으로 활용할 수도 있다. 자신이 잘 기억할 수 있으리라고 유리한 방향으로 자기 암시를 하는 것이다. 그리고 나서 즉각 기억을 불러일으킬 만한 단서를 만들어내서 이런 긍정적인 자기 암시를 뒷받침해 주면 된다.

오늘날처럼 혼란스럽고 1분 1초를 다투는 숨 가쁜 세상을 살아가는 사람들은 코앞에 닥친 일들에 쫓겨 무엇이든 미루고자 한다. 그냥 편지를 뜯어서 읽고 필요한 조치를 취하지 않고 어떻게 해야 할지 안절부절못하다가 결국에는 미결 서류 더미 위에 던져버리고 나중으로 미룬다. 그리고 다시 들춰보지도 않는다. 집으로 가면서 세탁소에 들러야 한다고 생각만 할 뿐, 그 생각을 떠올릴만한 '장치'를 마련하지 않고 그냥 잊어버리고 마는 것과 똑같은 경우이다.

이처럼 필요한 때 해야 할 행동을 취하지 않으면 뇌에는 '잘못된 경고'라는 메시지가 전달된다. 이것이 반복되면 아무리 떠올리려는 생각이 있어도 뇌는 많은 것들을 잘못된 경고로 인식하고 넘어가 버리는 것이다.

그렇다면 자신의 뇌를 즉시 재교육해야 한다. 일단 작은 녹음기를 구입한다. 작은 수첩 같은 것을 이용하는 것도 좋지만 녹음하는 것이 가장 쉬운 방법이다. 녹음기에다 머릿속에 떠오르는 해야 할 모든 조치와 생각들을 빠뜨리지 말고 녹음한다.

단순히 그것을 테이프에다 녹음해 놓는 것만으로 그쳐서는 안 된다. 이미 녹음한 일들을 할 때까지 테이프를 듣는다. 이제부터는 뇌에서 전달되는 중요한 메시지를 따르도록 뇌를 훈련시켜야 한다.

산만하고 혼란스런 마음을 한 번씩 정리하는 것도 잃어버린 기억력을 되찾는 방법 가운데 하나이다. 부정적인 생각을 몰아내고 침착하고 평화로운 마음을 유지하기 위해 노력해야 한다. 마음을 비우고 고요한 상태를 유지할 수 있어야 정신이 없는 상태, 즉 혼란한 상태에 빠지지 않을 수 있다. 명상이나 요가, 장거리 달리기 같은 방법이 도움이 될 것이다. 반드시 이러한 방법이 아니더라도 알맞은 방법으로 연습을 해야 한다.

적절한 휴식을 취함으로써 균형 잡힌 생활을 유지하는 것도 필요하다. 당신의 마음을 피로하게 만드는 복잡한 일들을 떠나 휴식을 취한 다음 일상으로 돌아가는 것이 좋다. 진정한 의미의 여가는 바로 재창조이다.

자신의 능력을
제대로 발휘할 수는 있는 방법 5

21. 협력과 팀워크
다른 사람과 협력하여 더 큰 성과를 이루세요.

22. 자기 관리 능력 향상
일상생활과 업무를 체계적으로 관리하세요.

23. 유연성 유지
변화에 적응하며 새로운 방법을 받아들이세요.

24. 열정 유지
자신이 하는 일에 대한 열정을 잃지 않도록 하세요.

25. 목표 재조정
상황에 따라 목표를 유연하게 조정하세요.

26. 회의에서 제일 먼저 질문하거나 발표하지 않는다

> 회의나 세미나에 참석하여 질문을 하고 싶어도 주저한다. 다른 사람이 질문을 하기 시작하면, 그제야 질문을 한다. 그 세미나에서 자신의 아이디어가 가장 괜찮은 것이었지만 버스는 이미 떠나간 뒤다. 항상 후회를 하면서도 혼자만 튀는 것은 왠지 불안하다.

여러 사람과 조화를 이루며 살아가는 사회라는 틀에 속해 있는 이상 어떤 행동을 결정할 때 다른 사람의 생각이나 반응을 고려하는 것은 당연한 일이다. 그러나 이러한 고려가 단순한 차원을 넘어서 절대적인 전부가 되는 경우도 있다. 대부분의 사람들은 스스로 나아갈 방향을 새로 모색하지 못하고, 편안하고 안락하게 이미 남들이 지나간 길을 그대로 따라간다. 다른 사람들의 기준에 자신의 행동을 맞추려고 애쓰며 조직 내의 분위기를 망치거나 풍파를 일으키지 않기 위해 몸을 사리기도 한다.

텔레비전의 코미디 프로에서 일부러 장면마다 커다랗게 사람들의 웃음소리를 녹음해서 들려주며 시청자의 웃음을 유도하는 것도 이러한 심리를 이용한 것이다. 다른 사람들이 웃으면 잘 알지도 못하면서도 따라 웃게 되는 경험이 많이 있을 것이다.

사람들이 앞장서서 행동하지 못하는 이유는 무엇보다 두려움 때문이다. 이 두려움은 불안에서 비롯된다. 예를 들어, 회의 시간에 자기 생각을 발표했을 때 어떤 반응을 보일지 몰라 불안해하는 '기대 불안'이 적극적인 행동을 방해하는 것이다. '기대 불안'이란 아직 일어나지도 않은 일을 미리 걱정하는 것을 일컫는다. 다른 사람들이 나를 어떻게 생각할까? 혹시 내 생각이 바보 같다고 비웃지나 않을까? 내 생각을 분명하고 똑똑하게 잘 전달할 수 있을까? 온갖 걱정에 마음은 점점 혼란스러워진다.

사실 현대인들에게 다른 사람으로부터 인정받지 못하면 어떻게 하나 하는 두려움만큼 큰 것도 없다. 이러한 두려움과 불안을 대하는 태도는 회피냐 극복이냐 하는 전혀 상반된 행동으로 나타난다.

하지만 대개 회피의 유혹을 받기 마련이다. 문제에 부딪히면 먼저 도망치고 싶은 것이 사람 마음이다. 그러나 피하는 것은 결과적으로 좌절감이나 우울증, 열등감 등을 초래할 뿐 진정한 해결방법이 아니다.

세상을 살아가면서 실수를 전혀 저지르지 않고 사람들의 비판으로부터 완전히 자유로운 사람은 없다. 그러므로 자기 안에 자리

잡은 '나는 언제나 잘해야만 돼! 모든 사람으로부터 인정받아야만 해!'와 같은 자신을 힘들게 만드는 생각으로부터 자유로울 필요가 있다.

회의나 모임에서 의견을 나눌 기회가 생기면 용기를 내어 제일 먼저 손을 들어 의견을 발표해보는 것이 가장 좋은 방법이다. 일단 그렇게 한번 일을 저지르고(?) 나면 다음부터는 자신의 생각을 표현하는 일이 훨씬 쉬워진다. 다른 사람들이 뭐라고 말하는지 알아보려고 기다릴 필요가 없다. 계속해서 다른 사람의 의견에만 이끌리다 보면 남다른 자신만의 의견을 내세울 기회는 영원히 찾을 수 없을 것이다.

실패를 경험해보지 않은 사람은 성공할 수 없다. 가지 않고 후회하기보다 제자리에 돌아오더라도 일단 시도를 해보고 후회하는 것이 낫다. 그렇다면 이미 당신은 제자리에 서 있는 것이 아니다. 힘들더라도 끊임없이 시도하는 훈련을 계속하는 것이 중요하다. 그러다 보면 어느 때이고 극복의 순간이 올 것이다.

자신의 목소리를 듣는 데 익숙해지는 것도 좋은 방법이다. 많은 사람들이 자신의 목소리를 녹음해서 들으면 처음에는 부정적인 반응을 보인다. 그러나 포기하지 말고 카세트를 활용해서 다양하게 사용해본다.

예를 들어, 사람들이 자신의 목소리에 귀를 기울이지 않는다는 생각에 마음이 움츠러든다면, 실제로 자신의 목소리나 태도에 문제가 있는 것은 아닌지 확인해볼 필요가 있다. 발표를 한다고 가정해보고 그것을 녹음해서 즉시 들어본다. 당장 활용할 수 있는 우수한 피드백이 될 것이다. 어쩌면 당신은 '그러니까…' 아니면 '어…'하고 말을 수없이 반복한다는 사실을 발견할 수도 있다. 녹음기는 거짓말을 하지 않는다.

자신의 생각이나 느낌을 주장하고 싶지 않다면 '바로 지금 이 순간도 곧 과거로 흘러갈 뿐'이란 사실을 명심하라. 그리고 이것이 어떤 기억으로 남아 있기를 바라는지 생각해보자. 최소한 '내 생각을 얘기했어야 하는데…'라며 또다시 후회 섞인 한숨을 내쉬는 모습은 아닐 것이다.

그럼에도 불구하고 무심코 남의 의사를 따르려고 할 때가 생기면 다음과 같은 에머슨의 말을 명심한다.

"어떤 행동에 대해서 지나치게 소심해져서는 안 된다. 인생의 모든 것은 실험이다."

끝까지 자신의 신조를 굽히지 않았던 랍비가 있었다. 그는 자신이 옳다고 여기는 것을 지키기 위해 불의에 맞서 싸우곤 했다.

친구가 그에게 물었다.

"자네는 지금 무엇을 하고 있는 건가? 자네가 세상을 바꿀 수 있다고 생각하는가?"

그러자 랍비가 이렇게 대답했다.

"아마 그럴지도 모르지. 그러나 세상 역시 나를 바꿀 수는 없네."

다른 사람이 아닌 자기 자신의 삶을 살아가는 사람은 행복하다.

자신의 능력을 제대로 발휘할 수는 있는 방법 6

26. 자기 인식 높이기
자신의 강점과 약점을 명확히 파악하세요.

27. 감사하는 마음 갖기
긍정적인 태도와 감사하는 마음이 동기 부여를 높입니다.

28. 기술 활용하기
최신 도구와 기술을 적극 활용하여 업무 효율을 높이세요.

29. 지속적인 동기 부여
자신만의 동기 부여 방법을 찾아 꾸준히 유지하세요.

30. 균형 잡힌 삶 유지
일과 삶의 균형을 맞추어 전반적인 능력을 향상시키세요.

제5부

27. 사랑하는 사람이 죽거나 다치는 상상을 자주한다

> 내가 좋아하는 사람이 죽으면 어떻게 하나하는 생각이 하루에도 몇 번씩 든다. 가족 중 누군가의 귀가시간이 늦어지기라도 하면 끔찍한 상상력을 있는 대로 발휘하기 시작한다. 굉장히 기분 좋은 상태에 있다가도 갑자기 머릿속에 떠오른 무서운 생각을 떨쳐버리지 못한다.

가족이나 친한 친구를 잃는 경험은 커다란 정신적 충격과 함께 우리를 슬픔으로 몰아넣는다. 사랑하는 사람들을 걱정하고 염려하는 것은 너무나 자연스러운 일이다. 그러나 그 정도가 지나친 나머지, 이런 공포와 염려가 머릿속에서 떠나지 않고 일상의 생활을 방해할 정도라면, 자연스럽지 못할 뿐 아니라 결코 바람직하지도 않다.

우리가 살아가면서 맺게 되는 다양한 인간관계는 삶의 의미를 결정짓는 요소 중 가장 중요한 위치를 차지한다고 할 수 있다. 주변과 어떤 관계를 맺고 있는가에 따라 삶의 빛깔이 달라지는 것이다. 특히 부모나 형제, 배우자는 가장 특별한 의미를 가진 존재이다.

사랑하는 사람들이나 가족의 소중함은 아무리 강조해도 지나침이 없다. 득실에 연연하지 않고 나를 전적으로 인정해주고 사랑해주는 존재는 그들뿐이다. 그들이 없는 세상은 상상조차 할 수 없다. 그들이 사라지고 나면 나를 아는 사람은 세상에 아무도 없다.

이런 유형의 걱정은 전반적으로 불안한 마음에서 비롯된다고 할 수 있다. 그러나 그런 생각이 너무나 강해서 온통 그런 걱정에 휩싸여 있다면 또 다른 구체적인 원인이 있을 수도 있다. 즉 자기 자신에 대한 의심을 다른 사람에게 연결시키는 것이다.

다른 사람의 죽음은 곧 자기 자신의 심리적인 죽음을 의미한다. 내가 살아가는 이유는 바로 내가 좋아하고 염려하는 사람들이 나에게 존경과 사랑을 쏟아주기 때문이다.

그러므로 가장 사랑하는 사람이 죽으면 더 이상 살아가는 의미가 없어져버리는 것이다.

성공한 사람들은 대부분 부모가 살아생전에 자신의 성공을 못 본 것이 가장 유감이라고 말한다. 부모를 위해서 목표를 정하면 부모가 죽고 나서는 더 이상 자신의 목표를 이루지 못할 수도 있다.

사람들은 대개 자신의 성공을 세상이 알아주기를 바란다. 그중에서도 특히 자기가 좋아하는 사람들이 자신을 자랑스럽게 여기고 인정해주는 것을 매우 중요하게 여긴다.

그리고 자신에게는 시간이 별로 없다고 생각한다. 더 늦기 전에 모든 사람의 존경을 받아야 한다는 압박감에 시달리고, 소중한 사람들이 언제 내 삶에서 사라져버릴지 모른다는 더할 수 없는 불안감을 안고 살아간다.

이런 불안감은 정열을 얼어붙게 만들고 목표를 추구하는 데 방해가 된다. 누군가가 죽으면 더 이상 삶의 의미나 목표가 없어져버린다. 그런 상상만으로도 두려워 꼼짝할 수 없고, 한순간 인생이 너무나 무의미하게 느껴질 뿐만 아니라 무언가를 향해 노력해야 할 이유마저 상실하고 마는 것이다.

열심히 일하며 '시간 내에 끝내지 못할 위험'을 감수하는 경우와, 이와는 반대로 아무것도 하지 않음으로써 실망조차 할 필요가 없는 경우 사이에서 갈피를 잡지 못한다.

이렇게 자신의 주변 상황을 제대로 통제하기 어렵고 불확실하다는 점 때문에 수많은 걱정과 근심의 노예가 되는 것이다.

물론 사랑하는 사람으로부터 존경과 찬탄을 받는 것은 멋진 일이다. 그러나 그들은 당신이 어떤 모습이든 상관없이 당신을 사랑한다. 굳이 어떤 결과물로 그들을 기쁘게 해주려고 애쓸 필요는 없다. 인생에서 가장 중요한 것은 본인 스스로 자부심을 느끼는 것이다. 내가 원하는 모습을 살아갈 때 그들도 진정으로 기뻐할 것이다.

다른 사람의 기대에 맞추기보다는 자신이 원하는 것을 추구하고 자신에게 맞추어 살아갈 때 진정 행복할 수 있다. 내가 행복해야 남들도 행복하게 만들어줄 수 있다. 우리의 삶은 불확실성으로 가득 차 있지만 한 가지는 확실하다. 우리가 가장 빨리 비참해지는 길은 나 아닌 다른 사람을 기쁘게 해주려고 노력하는 것이란 사실이다.

만약 정말로 소중한 사람들이 당신 곁을 떠날까 봐 두렵다면 쓸데없는 걱정에 시간을 낭비하지 말고 지금이라도 당장 그들에게 얼마나 사랑하는지 말해보자. 더 이상 기다리지 말고 전화를 하거나 편지를 써서 그들을 사랑하고 존경하고 염려하는 마음을 표현하라. 그렇게 할 만한 이유가 생길 때까지 기다린다면 이미 그들이 당신의 곁을 떠난 후일 것이다. 그러나 바로 지금 행동으로 옮겨야 한다. 부모님에게 전화를 하거나 직접 찾아뵙고, 아니면 편지를 써서 당신이 얼마나 그들을 소중하게 생각하는지 알려라.

존경하는 초등학교 선생님이나 예전의 어린이야구단 코치한테 편지를 보내서 자신의 인생이 그들로 인해 얼마나 달라졌는지 얘기하라.

처음에는 어색할지 모르겠지만, 한두 번 반복하다보면 주변에 당신의 사랑을 알리고 그들을 기쁘게 만드는 데 익숙해질 것이다. 그러면 당신은 사람들로부터 더 많은 사랑을 받을 수 있을 것이고, 그들에게 인정받을 만한 '업적'을 쌓기도 전에 사랑하는 사람들이 떠나가 버리지 않을까 두려워하는 마음에서 자유로울 수 있다.

긍정적인 생각과 행동으로
강력한 힘을 발휘하는 방법 1

1. **감사하는 마음 갖기**

   작은 것이라도 감사하는 습관을 들이면 자연스럽게 긍정적인 생각이 생깁니다.

2. **긍정적인 말 사용하기**

   언제나 희망적이고 격려하는 말을 하며 주변 분위기를 밝게 만드세요.

3. **자신을 칭찬하기**

   작은 성취도 인정하고 자신에게 격려의 말을 아끼지 마세요.

4. **미소 짓기**

   미소는 기분을 좋게 하고 긍정적인 에너지를 퍼뜨립니다.

5. **문제보다 해결책에 집중하기**

   어려움이 닥쳤을 때 문제보다 해결 방안에 초점을 맞추세요.

28. 배고픈지 알기 위해 굳이 시계를 들여다본다

시계를 들여다보니 벌써 점심시간이 되었다. 별로 배가 고프지는 않다. 그러나 배가 고픈 시간이 된 게 분명하기 때문에 어쨌든 먹는다. 아침에 저절로 눈이 떠져 상쾌한 마음으로 시계를 들여다보니 출근하기까지는 아직 1시간 정도나 여유가 있다. 그러자 갑자기 피곤함이 느껴지고 더 자야 할 것 같아 다시 이불을 뒤집어쓴다.

이러한 사람들은 자신의 생각을 믿지 못하기 때문에 그 느낌이 옳다는 확신을 주는 외부의 증거를 찾는다. 스스로 확신하지 못하며, 자신의 본능이나 직관을 그다지 믿지 못하기 때문에 어떤 결정을 내리기 전에는 가능한 한 자신의 판단이 옳다는 것을 입증할 만한, 눈에 보이는 증거를 확보하려 하는 것이다.

이러한 사람들은 자신의 내면에서 울려나오는 목소리에는 그다지 귀를 기울이지 않는다. 일이 잘못되기라도 하면 자신의 행동을 정당화할 증거나 사실을 제시한다. 따라서 내부의 느낌이 아니라 외부의 증거에 기초하여 자신의 행동을 정당화 하는 것이다.

실패를 거듭하며 틀린 답만 들고 있는 자신이 지겨워지고 결국에는 자기 판단만으로 좋은 결정을 내릴 수 없다는 쪽으로 자신을 몰고 간다. 표준화에 길들여져 있어 '주문 생산'의 개념과는 별 상관없는 것들을 좋아한다. 무엇이 좋고 적당한지에 대한 기준을 다른 사람들이 세워주기를 바란다.

우리는 손목시계, 호출기, 비디오, 사무실의 벽시계, 전자레인지, 컴퓨터 등 사실 어디를 돌아보건 바쁘게 흘러가는 '시간'과 마주친다. 심지어 음성사서함이나 자동응답기의 메시지를 확인할 때조차도 몇 시 몇 분에 녹음되었는지 듣게 된다. 시시때때로 자신이 해야 할 일들을 깨우쳐주는 시계에 자신이 얼마나 의존하고 있었는가를 알게 되면 사뭇 놀랄 것이다.

이런 한계를 극복하고자 한다면, 우선 주말만이라도 손목시계를 풀어서 서랍에 넣어두자. 집안에 있는 모든 시계를 벽 쪽으로 돌려놓거나 내려놓자.

며칠간 시계 없이 지내면서 배고프다는 느낌, 잠에 대한 욕구 등 그 시간에 맞춰 항상 무언가를 해야 한다는 중압감에서 벗어나보자. 이렇게 하다보면 어느새 자신이 느끼는 그대로, 자기가 하고 싶은 일이 무엇인지에 대해 집중할 수 있다. 일주일이나, 주말의 훈련만으로 효과가 없으면 시간을 늘려본다.

만일 결정을 지나치게 신중하게 내리는 사람이라면 자신의 판단을 믿고 본능에 따라 행동하는 즐거움을 배울 필요가 있다. 즉 자기의 직관에 의존하는 것이 얼마나 재미있는지 배울 필요가 있다. 선악의 판별이 불가능한 활동, 즉 창조적인 활동은 이러한 목적을 달성하는 데 아주 좋은 방법이다.

찰흙으로 무언가를 빚거나 그림을 그리거나 시를 쓰거나 작곡을 한다거나 하는 일들을 그냥 '재미로' 한다. 오직 자신이 그 결과에 만족할 때까지 계속한다. 다른 어느 누구의 기대나 평가를 신경 쓸 필요는 없다. 배 같은 사과를 그린들 어떠하며, 원근감이 조금 이상하면 어떠한가? 당신이 만든 도자기 인형의 오른손 엄지손가락이 두 개라고 한들 누가 상관하겠는가? 자신이 원하는 방식대로 상상력을 마음껏 발휘할 수 있는 공간을 확보해보자.

긍정적인 생각과 행동으로
강력한 힘을 발휘하는 방법 2

6. 실패를 배움의 기회로 보기
실패를 두려워하지 않고 성장의 발판으로 삼으세요.

7. 긍정적인 사람들과 교류하기
에너지 넘치는 사람들과 함께하면 자연스럽게 긍정적 사고가 생깁니다.

8. 자신의 강점에 집중하기
자신이 잘하는 것에 집중하며 자신감을 키우세요.

9. 목표를 세우고 비전 그리기
희망적인 미래를 상상하며 목표를 향해 나아가세요.

10. 작은 성공 경험 쌓기
작은 성취도 축하하며 자신감을 높이세요.

30. 몇 분이면 할 수 있는 간단한 일조차도 미룬다

> 이미 다 써놓은 편지에 우표를 붙여서 우체통에 넣는 일, 두 달 동안이나 아무렇게나 놓여진 채 거치적거리는 상자를 옮기는 일, 음성사서함 확인, 혹은 며칠째 미루고 있는 서랍 정리…, 너무나도 사소하고 간단한 일들을 계속 미룬다.

비교적 중요한 일을 미루는 데는 나름대로 이유가 있다. 그 중에서도 가장 큰 이유는 '두려움'이다. 결과에 대한 부담감 때문에 자꾸만 망설이는 것이다. 그러나 고작 몇 분이면 끝나는 작고 간단한 일들을 계속 미루고 있다면 그 문제는 아주 심각하다. 이 문제는 오로지 '관심'의 문제와 관련되어 있다.

사람들은 사소하고 하찮은 일들을 내버려두면 사소한 일에 주의가 온통 쏠리기 때문에 정말 관심을 기울여야 하지만 그렇게 하고 싶지 않은 중요한 일들은 생각도 하지 않는다. 그리고 정말 단순하고 별다른 노력을 들이지 않고도 할 수 있는 일들에 집중하기 때문에 자신에게 일어나는 일들을 잘 관리하고 있다는 착각에 빠지는 경향이 있다.

　이러한 행동의 영향은 상당히 복합적이다. 사소한 일거리를 쌓아두는 행동에 대해 스스로를 합리화하는 구실을 찾아내기 때문이다. "더 중요한 일들을 생각해야 하기 때문에 이렇게 하찮은 일에 신경 쓸 여유가 없다"고 말이다. 그러고는 "더 중요하다고 여기는 일들부터 처리해야 하기 때문에 사소한 일들을 하지 않고 내버려두며, 그렇게 내버려둔 사소한 일 때문에 마음이 편치 않아서 또다시 중요한 일들에는 신경을 쓰지 못한다. 그리고 이런저런 사소한 일을 해야 된다는 사실에 너무 스트레스를 받아 다 귀찮다는 생각이 들고, 결국에는 하루 종일 텔레비전이나 보며 시간을 보낸다.

　이처럼 뒤죽박죽인 인생에서 벗어나려면 미뤄놓은 일들을 '정리할' 필요가 있다. 자신이 해야 할 일 중에서 10분 이내에 할 수 있는 일을 모두 적어서 매일 두 개씩 실천에 옮긴다. 작업 목록은 종이에 적거나, 녹음기에 녹음한다. 그리고 즉시 그 사소한 일들을 머릿속에서 몰아내 버려라. 그리고 바로 행동하라.

　이런 연습을 하다보면 실제로 몇 가지 놀라운 결과가 생겨날 것이다. 믿을 수 없는 속도로 일을 처리할 수도 있을 것이다. 물론 처음 시작할 때는 너무나 자잘하고 쓸데없는 일이 너무 많게 느껴지고, 게다가 해야 할 일들이 계속해서 목록에 추가도 될 터이다. 하지만 시간이 지날수록 일을 처리하는 속도가 점점 빨라지고, 따라서 추가하는 것보다 처리하는 일이 더 많아질 것이다. 오랜 시간이 걸리는 일들은 목록에서 과감하게 빼버려라.

  이런 연습이 가진 또 다른 장점은 스스로에게 약속을 하고 그것을 지켜나가는 일이 지닌 가치를 알게 해준다는 것이다. 너무나 많은 일들이 빽빽하게 적혀 있는 메모장을 들여다보는 것조차 부담스럽고, 그날 꼭 해야 할 일 두 가지를 고르는 일마저 힘겹게 느껴진다 해도 괴로워할 필요가 없다. 눈을 감고 손가락으로 그냥 가리키거나, 목록을 벽에 붙여놓고 다트를 던져서 선택된 일을 하면 된다. 어떤 일이건 선택된 일을 우선해야 한다. 그러면 목록에서 두 가지를 또 지울 수 있다.

  보람된 인생을 살고 있다고 스스로를 위안하기 위해서 작은 일들을 산더미처럼 쌓아놓아야 직성이 풀리는 사람이 있다면, 그는 정말 하고 싶은 일이 있지만 다른 일들 때문에 하지 못하고 있다고 투덜거리면서 속으로는 그 일이 정말로 그만한 가치가 있는 것은 아니라고 생각하는 사람일지도 모른다.

  예를 들면, 건강을 위해 뭔가 해야 한다고 매일 얘기하면서도 일과에 쫓겨 운동할 시간을 전혀 낼 수가 없는가? 그렇다면 자신이 늘 강조하는 대로 무엇보다 중요한 건강을 위해서 운동할 시간을 내든가, 실상 자신이 떠들어대는 것만큼 건강을 중요시 하지 않는다는 것을 인정하고 다른 일을 찾아서 정열을 쏟아야 하지 않겠는가.

긍정적인 생각과 행동으로
강력한 힘을 발휘하는 방법 3

11. 긍정적인 음악이나 영상 보기

기분 전환과 동기 부여를 위해 희망적인 콘텐츠를 즐기세요.

12. 운동으로 기분 전환하기

신체 활동은 엔돌핀을 분비시켜 기분을 좋게 만듭니다.

13. 자기 자신에게 친절하기

완벽하지 않아도 괜찮다고 자신을 다독이세요.

14. 현재에 집중하기

과거나 미래보다 지금 이 순간에 감사하며 살아가세요.

15. 긍정적인 상상하기

좋은 일이 일어나는 모습을 상상하며 기대감을 키우세요.

31. 한 가지 일도 제대로 끝내지 못하고 금방 포기한다

> 살빼기나 운동, 일기 쓰기 등 어떤 일을 하든 마찬가지이다. 한동안 그 일에 집중하지만 점점 그 일에 대한 의욕이 줄어들고 흥미도 잃는다. 그 일은 정말로 하고 싶었던 것이 아니었다거나 혹은 할 만한 가치가 없다고 말하면서 쉽게 포기해 버린다.

우리는 종종 자신이라면 도저히 할 수 없을 것 같은 일을 해내는 주위 사람들의 끈기와 인내심을 칭찬하면서 은근히 질투의 눈길을 보내기도 한다. "도대체 어떻게 아침마다 일찍 일어나 조깅을 할 수 있지?"하고 감탄을 내뱉기도 한다. 그리고 극기심이란 타고난 자질이라고 생각하며 자신에게는 부족한 게 아닌지 의심스러워한다. 그러나 극기심은 타고나는 것이 아니라 훈련으로 길러지는 것이다. 스스로를 억제하기 위해서는 자신을 '풀어놓고' 싶은 욕망을 억눌러야 한다.

아침에 자명종이 울리면 '5분만 더'를 중얼거리면서 이불을 머리 끝까지 잡아당기지는 않는가? 5분을 더 잔다고 해서 피로가 풀리는 것도 아닐 텐데 말이다. 아무리 그 전날 자명종을 5시에 맞추고, 한 개로도 모자라 시계를 서너 개씩 머리맡에 놓아도 소용이 없다.

　문제는 자신을 봐주려는 마음이다. 끝내야 할 과제가 있지만 머리를 식히기 위해 잠깐 텔레비전을 보기로 결정한다든지, 다이어트를 하면서도 저녁식사 후 디저트를 더 먹는 것도 자신을 느슨하게 만들고 긴장을 풀어버리는 행동이다. 디저트를 마구 먹으면서 다이어트를 한다는 것은 당연히 불가능하다. 그래서 또다시 여러 가지 자기변명을 하면서 오늘만큼은 그냥 다이어트를 하지 않는 편이 좋겠다는 결론을 내려버린다.

　앞에서도 말했듯이, 어느 날 갑자기 자신을 이길 수 있는 힘이 생기지는 않는다. 극기심이란 전기 스위치처럼 마음대로 켜고 끌 수 있는 것이 아니다. 극기심은 정신적인 근육과도 같다. 연습을 하면 할수록 단련이 되어서 필요한 경우에 사용할 수 있는 것이다. 단지 결심만으로 훈련을 견딜지 자신이 없다면 상이나 벌을 정해놓고 자신과의 약속을 지키는 자극제로 활용하도록 한다. 아침에 일어날 때마다 너무 힘이 들어서 한바탕 전쟁을 치르는 사람이라면, 자명종이 울린 후 5분 이내에 일어나지 않을 경우 그날 아침에는 찬물로 샤워하는 것을 벌칙으로 정한다. 일단 한 번 남극의 추위를 맛보게 되면 그 다음엔 자명종이 울리자마자 침대에서 뛰어나오거나, 아니면 얼음처럼 차가운 물로 샤워를 해야 한다는 식 말이다. 채찍보다 당근이 더 효과적인 사람이라면, 2주일간 기상시간을 지켰다면 가족과 함께 멋진 저녁식사를 하기로 약속하는 것도 좋은 방법이다.

하지만 처음부터 완벽해지기 위해 안달할 필요는 없다. 때로는 슬쩍 넘어가는 것도 괜찮다. 다만 그 후에 어떻게 행동하는지가 문제이다. 무의식적이나 의식적으로 한두 번 자신에게 틈을 주고 나서 '역시 나는 안 돼'를 외치며 낙심하고 포기하느냐, 아니면 흐트러진 마음을 가다듬고 연습을 계속하느냐에 따라 인생이 결정되는 것이다.

무조건 모든 일에 대해 인내심을 발휘하려고 노력하는 것 또한 자신을 지치게 만든다. 해야 할 일들을 가능한 한 단순화시키고 우선순위를 정해야 한다. 오늘 무슨 일이 있어도 끝내야 할 일이 무엇인지 알아보고 그 일에 에너지를 쏟는다.

물론 여러 가지 일들을 해낼 수 있다면 더없이 좋겠지만, 그러나 그렇게 하지 못하더라도 자신을 못살게 굴어서는 안 된다. 일단 하루 동안의 최우선 목표를 정하고 그것을 지키기 위해서 노력하면 된다. 일단 마음속의 뚜렷한 목표가 있다면 어떤 방해자가 나타나도 쉽게 물리칠 수 있을 것이다.

긍정적인 생각과 행동으로 강력한 힘을 발휘하는 방법 4

16. 도전하는 마음 갖기

새로운 일에 도전하며 성장하는 자신을 믿으세요.

17. 감정을 솔직하게 표현하기

기쁨, 감사, 사랑 등 긍정적인 감정을 솔직히 표현하세요.

18. 자연과 교감하기

자연 속에서 힐링하며 마음의 평화를 찾으세요.

19. 도움을 요청하는 용기 갖기

필요할 때 도움을 구하는 것도 긍정적인 행동입니다.

20. 자신의 성장을 기록하기

일기나 기록을 통해 긍정적인 변화와 성취를 확인하세요.

32. 잘못한 것도 없이 일단 사과를 하거나 변명부터 한다

내가 한 일에 대해서도, 내가 하지 않은 일에 대해서도 사과를 한다. 다른 사람들에게는 자신의 행동에 대해 일일이 설명을 하며 자신에게는 이러한 행동을 끊임없이 정당화하곤 한다. 다른 사람의 감정을 상하게 했을지도 모를 어떤 행동에 대해서 어떠한 방식으로든 보상을 하려고 최선을 다한다.

다른 사람에게 지나치게 사과를 잘하는(?) 사람이라면, 정말로 자신이 해서는 안 될 일을 많이 하고 있거나 아니면 아무런 이유 없이 죄책감을 느끼는 것이다. 자신이 저지른 일에 대해서도 사과를 하고, 하지는 않았지만 했어야 한다고 생각하는 일들에 대해서도 사과를 한다.

이러한 사람들은 다른 사람과 대립하는 것을 달가워하지 않기 때문에, 자신이 먼저 서둘러서 사과를 해버리고 되도록이면 마찰을 피하고 싶어 한다. 자신의 생각과 의견을 주장하는 것보다는 다른 사람의 생각을 따르는 것이 차라리 마음 편하다고 느낀다.

그러나 단지 불편한 상황을 모면하고 다른 사람의 마음을 편하게 해주기 위해서 자기와는 상관없는 일에 대해서도 '그래, 이게 다 나 때문이야. 그러니 네가 좀 참아라'라는 식으로 이야기하는 것은 자신이나 상대에게 아무 도움도 되지 않는다. 오히려 그 사람은 작은 실패조차 당신의 탓으로 돌려버릴 것이다.

루즈벨트가 이런 말을 했다.

"어느 누구도 당신의 동의 없이 당신을 열등감 속으로 던져 넣을 수는 없다."

사소한 불편함을 피하려고 자신의 자존심을 포기하는 것은 어리석은 일이다.

그러나 슬프게도, 살다보면 아주 작은 사건을 가지고 남의 기분을 상하게 만드는 사람들을 만나게 될 때가 있다. 그때마다 그 사람들이 당신의 자존심에 상처를 입히도록 내버려두어서는 안 된다. 상처받은 자존심은 회복이 더디다. 다른 사람이 당신의 자존심에 상처를 입힐 수 있는 것은 스스로 자존심을 포기하기 때문이라는 사실을 명심해야 한다.

'지나친 사과는 아니함만 못한' 법이다. 간단하게 "고의가 아니었어요."라고 말하면 충분할 일인데도 습관적으로 "정말 너무 미안해요.", "다시는 이런 일이 없을 거예요.", "제발 절 용서해주세요."라는 말을 반복하지는 않는지 생각해보자.

물론 누군가를 심하게 다치게 하거나 다른 사람에게 커다란 손해를 끼친 경우에는 자신의 잘못을 솔직히 인정하고 정중하게 사과하는 것이 옳다.

그러나 다른 사람이 실수한 것을 자신의 탓으로 돌리거나, 단지 화가 난 누군가를 위로하기 위해서 스스로 십자가를 짊어질 필요는 없다. 이런 일이 반복되다보면, 정말 사과를 해야 할 일이 생겼을 때 사람들이 당신의 말을 진심으로 받아들이지 않을 수도 있다.

긍정적인 생각과 행동으로
강력한 힘을 발휘하는 방법 5

21. 유머 감각 키우기
　웃음은 스트레스를 줄이고 긍정적인 기운을 높입니다.

22. 작은 친절 실천하기
　남에게 친절을 베풀면 자신도 행복해집니다.

23. 긍정적인 환경 만들기
　집이나 사무실을 밝고 쾌적하게 꾸미세요.

24. 자신의 감정을 긍정적으로 전환하기
　부정적인 감정을 긍정적인 생각으로 바꾸는 연습을 하세요.

25. 자기 계발에 투자하기
　새로운 것을 배우며 자신감과 희망을 키우세요.

33. 좋은 사람이지만
때로는 냉정하고 잔인해진다

> 나는 남에게 베풀 줄도 아는 사람이고 때로는 친구를 돕기 위해 희생을 무릅쓰기도 한다. 그러나 때로는 냉정하고 계산적이기도 하다. 남을 학대하거나 더할 수 없이 잔인한 행동을 저지르는 생각을 할 때도 있다. 나는 곧잘 속임수를 쓰고 정직하지 못한 경우도 있으며, 불같은 성질과 화를 잘 내는 것으로 유명하다.

누구나 한번쯤은 나중에 후회할 말이나 행동을 저도 모르게 저지르는, 말 그대로 약간 '돌아버리는' 순간이 있다. 꾹꾹 눌러 참아온 스트레스가 폭발하기 일보 직전까지 도달하면 종종 그런 실수를 저지르고 마는 것이다.

억압된 감정은 차라리 폭발시켜 버리는 편이 정신 건강을 위해서는 더 나을 수 있다. 그러나 약간 극단적인 행동을 하는 것과 완전히 도를 벗어나는 행동을 하는 것은 전혀 다른 문제이다.

변덕이 심하다고 느껴질 정도로 태도가 자주 돌변하는 증상은 자신의 이익에만 골몰하는 사람에게서 자주 나타난다. 이런 사람들은 대체적으로 사람 좋게 행동하지만, 이는 자신에게 편할 때만 그렇다. 자신의 욕구가 변함에 따라 행동도 변하는 것이다.

이들은 자신에게 해가 되지 않는 한 기꺼이 남을 돕는데 왜 다른 사람들이 자신을 이기적이라고 얘기하는지 도저히 이해하지 못한다. 나는 이 정도면 썩 괜찮은 사람이 아닌가 하고 말이다.

자기가 베푼 친절은 빠짐없이 또렷하게 기억하면서도 자신이 저지른 부당한 행동은 '나에게 좋으면, 모두에게도 좋은 거야'라는 말로 간단하게 정당화한다.

다시 말해서, 얼마든지(?) 불친절한 행동을 할 수도 있지만 그렇게 행동하지 않으므로, 자신은 대단한 사람이라고 스스로 여기는 것이다.

그러나 단지 나쁜 일을 저지르지 않는다고 해서 무조건 좋은 사람이 되는 것은 아니다.

이보다 극단적인 경우에는 실제로 푸대접을 받거나 부당한 대우를 당했다는 느낌이 들면 이를 세상에 보복해야 한다고 생각한다. 아무도 자신을 위해 나서지 않으니 자기라도 직접 나서야 하지 않겠는가 하고 말이다. 어차피 세상은 자신에게 불공정하다는 것을 이유로 내세워 어떤 대가를 치르더라도 자신만의 행복과 즐거움을 추구한다.

어쩌면 자신은 남을 보살펴주는 이타적인 사람이라고 생각할지도 모른다. 그러나 자신과 다른 사람들을 동시에 잘 보살피고 주의를 기울이기란 거의 불가능하다. 나 자신에게만 집착하고 있는 사람의 마음속에는 나머지 세상이 비집고 들어올 만한 자리가 없다.

만일 가난과 굶주림에 대한 두려움에 떨다가 두통이 생겨 약을 사러가는 길이라면, 피를 흘리며 거리에 쓰러져 있는 사람을 보더라도 그저 무시해 버리고 지나갈지도 모른다. 자신이 편안하고 안전할 때에만 다른 사람들을 염려할 수 있는 여유가 생기기 때문이다. 고무줄처럼 변하는 편리한 이타주의는 스스로가 어렵고 힘든 상태에 빠져 있으면 어느새 사라져버린다.

사람들을 잔인하게 행동하도록 만드는 원인 중 하나는 분노와 절망이다. 농구경기나 다른 스포츠 경기에서 싸움이 어떻게 시작되는지 생각해본 적이 있는가? 경기에 이기고 있는 팀의 선수가 시비를 거는 경우는 거의 없다. 사건의 발단은 대부분 지고 있는 팀에서 비롯된다. 이처럼 인생이라는 게임에서 지고 있다는 괴로움에 사로잡혀 있는 사람은 남에게 피해를 주는 행동을 하기 쉽다. 반대로 좋을 때는 더없이 친절하다.

누군가에게 화풀이하고 있는 자신을 발견하면 타임아웃을 선언하고 스스로가 무엇 때문에 화를 내는 것인지 살펴보자. 반격을 할 수 없거나 반격하지 않을 거라고 생각하는 사람들에게 부당하게 화를 내는 경우도 간혹 있을 것이다. 그럴 때는 우선 한걸음 뒤로 물러

서서 냉정을 되찾아야 한다. 자신이 하고 있는 행동의 밑바탕에 깔린 감정의 정체를 확인한다. 분노인가? 아니면 당황, 실망, 또는 상처로 인한 고통인가? 또한 누구를 향한 것인가도 생각해본다.

소중한 주변 사람들에게 아픔을 줄 만큼 냉정하거나 잘못된 행동을 저지르는 데는 여러 가지 원인이 있을 수 있다. 그 이면에 숨겨진 자신의 진심을 솔직하게 마주 대하고 나면 그런 식으로 서로를 상처 입히는 행동은 삼가고 좀 더 효과적인 방법으로 대처해 나갈 수 있다.

오직 '나'만을 위한 이기적인 행동에서 벗어나 다른 사람들을 위해 자신의 이익을 조금쯤 희생하는 연습을 하는 것 또한 필요하다. 가령 공중전화 앞에 줄을 서서 기다리고 있다면 급한 사정이 있는 사람에게 자신의 자리를 양보한다. 상대방에게 영화를 고르거나 레스토랑을 선택할 수 있는 권한을 준다. 휴일에는 부모님을 찾아뵌다. 공동으로 일한 작업의 성과를 동료에게 돌린다. 다른 사람들을 너그럽게 대한다.

그러다보면 가끔 좋은 사람, 가끔 도움을 주는 사람에서 이제부터는 언제나 좋은 사람, 언제나 도움을 주는 사람으로 변해 있을 것이다.

긍정적인 생각과 행동으로
강력한 힘을 발휘하는 방법 6

26. 목표를 시각화하기
성공하는 모습을 생생히 떠올리며 동기 부여를 높이세요.

27. 긍정적인 친구와 교류하기
에너지 넘치는 친구들과 함께하면 자연스럽게 긍정적 사고가 생깁니다.

28. 자신의 한계 인정하기
완벽하지 않아도 괜찮다고 받아들이며 자신을 격려하세요.

29. 감사하는 마음을 일상에 적용하기
매일 감사한 일들을 떠올리며 하루를 시작하거나 마무리하세요.

30. 긍정적인 태도를 유지하는 습관 만들기
매일 아침 긍정적인 말이나 생각으로 하루를 시작하세요.

31. 자신의 가치를 인정하기
자신이 소중하고 특별하다는 것을 잊지 마세요.

32. 작은 일에도 감사하기
일상 속 작은 행복에 감사하는 마음을 가지세요.

33. 긍정적인 환경 조성하기
집이나 사무실을 밝고 활기차게 꾸미세요.

34. 자신에게 격려의 말을 하기
"나는 할 수 있어", "나는 소중해" 같은 격려의 말을 반복하세요.

35. 꾸준히 실천하기
이 모든 방법들을 일상에서 꾸준히 실천하며 긍정적인 삶을 만들어 가세요.

제6장

34. 단순한 일도
복잡하게 처리한다

> 아주 단순한 일을 복잡하게 만든다. 간단하고 직접적인 방법이 훨씬 더 효과적인데도 복잡하게 계획을 세우고 생각에 골몰한다. 일을 하는 데 걸리는 시간보다 그것을 준비하는 시간이 두 배 이상 걸린다.

많은 사람들이 간단하거나 단순한 것을 우습게 여기거나 인생에서 한결 간단한 일들을 별로 중요하지 않다고 생각하는 경향이 있다. 심지어 어떤 사람들은 단순함을 곧 지루함 또는 멍청함의 의미로 해석하기도 한다. 뭔가 복잡하고 정교한 과정을 거쳐야 일이 제대로 되어간다고 판단하는 것이다.

물론 일을 해나가는 과정이나 목표를 성취하는 과정이 힘들수록 그 보람도 큰 것이 사실이다. 우리 사회는 그러한 결과물에 보다 더 큰 가치를 부여한다. 그러나 단지 복잡하고 어려운 단계를 밟는다고 해서 무조건 그 결과가 훌륭하다고 할 수는 없다.

단순 명료한 방법, 즉 빠르게 도달할 수 있는 지름길이 있는데도 먼 길로 돌아간다면, 자신이 거둬들인 결과를 더욱 그럴싸한 것으로 포장하기 위해서 고의로 일을 복잡하고 어렵게 만드는 것은 아닌지 되돌아보라.

이 사람들은 목표가 너무 단순해 보이면 스스로 장애물을 만들어내고 방해거리를 생각해낸다. 더군다나 자신의 업적이 하잘 것 없다고 생각하면 결과가 아니라 노력하는 과정을 통해서 성취감을 높이고 긍지를 찾고자 한다. "이 일은 정말 힘들었다"라는 식으로 말하면서 말이다. 하지만 너무 힘든 임무는 별로 맡으려 하지 않는다. 성공하든지, 실패하든지 그다지 마음이 편치 않기 때문이다. 단순한 일을 아주 어렵게 만드는 것이 실제적인 어려움에 부딪히지 않고도 어려운 일을 해냈다는 만족감을 느낄 수 있는 좋은 방법으로 생각하기 때문이다.

이런 사람들은 일이 너무 쉽게 풀리면 오히려 걱정을 한다. 무언가 잘못된 것은 아닌지, 자신이 제대로 처리하고 있는지 의심스러워한다. 그러나 간단한 일을 복잡하게 만드는 것은 누구나 할 수 있다. 복잡한 일을 단순하게 만드는 사람이야말로 정말로 유능한 사람이다.

어린 시절에 "교만은 실패를 부른다"라는 말을 귀에 못이 박히도록 들은 사람이라면, 이런 함정에 빠져들기가 더욱 쉽다. 부모님이나 선생님의 지나친 기대감 때문에 완벽하지 못한 것은 실패한 것과 다름없다고 생각하지는 않았는지, 자신감과 교만을 혼동하고 있지는 않은지 곰곰이 생각해보자. 그런 후에 다시는 그런 생각들 때문에 귀중한 시간을 헛되이 흘려보내지 않겠다고 큰소리로 선언해보자.

대단한 노력을 기울이지 않고 일을 처리한다고 해서 사람들이 그 결과를 하찮게 여길 것이라고 염려할 필요는 없다. 사람들은 오히려 당신의 놀라운 재주에 감탄할 것이다.

그리고 스스로 복잡하게 만든 단순한 일을 가지고 중요한 일을 피하기 위한 변명으로 이용하는 일은 이제 그만두자.

어떤 일이든 최소한의 노력만으로도 큰 성과를 올릴 수 있다는 사실을 믿고 자기 암시를 걸어보라. 가령 입사시험을 치른다고 상상해보자. 주어진 시간 내에 많은 문제를 가장 빨리 푸는 사람만이 살아남는다고 한다면, 필요 이상의 시간을 들이는 것은 분명 잘못이다.

만일 이제껏 사소한 일을 처리하는 데 필요 이상으로 시간을 끌었다면 이다음에는 마감시간을 정해놓고 그것을 지키도록 하라. 그렇게 하면 보다 중요한 일을 하지 않으면서 작은 일에 얽매였던 것을 변명하지 않아도 된다.

이제부터는 사소한 일을 신속히 처리하고 나면 충분한 시간적인 여유가 생길 것이다. 아직도 중요한 임무를 맡는 게 망설여진다면 차라리 정직하게 두려움을 인정하고 이에 대한 해결책을 찾아보는 편이 낫다.

자신의 잠재력을 발견하고 발전시키는 방법 1

1. 목표 설정하기
구체적이고 도전적인 목표를 세우면 잠재력을 발휘할 수 있는 방향이 명확해집니다.

2. 계획 세우기
목표를 달성하기 위한 단계별 계획을 만들어 체계적으로 실천하세요.

3. 새로운 것 배우기
끊임없이 새로운 지식과 기술을 습득하며 성장의 폭을 넓히세요.

4. 자기 인식 높이기
자신의 강점과 약점을 파악하고, 강점을 강화하는 데 집중하세요.

5. 도전하는 자세 갖기
두려움 없이 새로운 일에 도전하며 한계를 넘어보세요.

35. 남이 알아듣지 못할 말을 중얼거리곤 한다

> 나 자신을 향해, 그리고 세상을 향해 계속해서 무언가를 중얼거린다. 무슨 말을 혼자서 그렇게 중얼거리느냐는 핀잔을 자주 듣곤 한다. 하루 24시간 혹은 일주일 내내 긴장을 멈출 수가 없다. 생각을 입 밖으로라도 내뱉지 않으면 가슴이 터져버릴 것 같다.

사실 사람들은 누구나 조금씩 주위 사람들이 알아듣지 못할 말을 중얼거리곤 한다. 그러나 문득 끊임없이 중얼거리고 있는 자신을 발견한다면 그 이유에 대해 생각해볼 필요가 있다. 그 이유는 대개 끊임없이 마음속에 떠오르는 생각을 멈출 줄을 모르기 때문이다. 일종의 '생각 중독자'가 된 것이다. 언제나 긴장상태를 유지하며 머릿속에 떠오른 무언가를 중얼거린다. 결코 휴식이란 없다.

아무것도 생각하지 않는 것과 생각을 하지 않는 것 사이에는 큰 차이가 있다. 전자는 노력을 필요로 하지만 후자는 그렇지 않다. 계속해서 떠오르는 생각들을 멈출 수 없으면 마음이 어지러워서 도저히 정신적으로 쉴 수가 없다. 심각한 경우에는 신경쇠약에 걸리기도 한다.

　그다지 달갑지 않은 생각들로 머릿속이 가득하다면 자신이 무엇을 생각하는지 알 수 없을 때가 많다. 이럴 때 자신이 해야 할 일을 큰소리로 외치면 당장 자신이 무엇에 집중해야 할지 명확해지고 그와 동시에 자신감이 생겨나는 경험을 누구나 한번쯤은 해본 적이 있을 것이다. 마찬가지로 남이 듣건 말건 혼자서 중얼거리는 것 역시, 머릿속을 헤집고 다니는 온갖 생각들을 몰아낼 수가 없기 때문에 이런 생각들을 목소리에 실어 날려버리고 답답한 마음을 시원하게 풀어버리려는 것이다.

　주변 환경 때문에 마음이 혼란한 경우도 있다. 머릿속이 정리가 안 된 채 복잡한 사람들은 대개 사무실이나 집도 뒤죽박죽인 채 엉망이기 마련이다. 우리의 사고방식은 거의 대부분 생활방식에도 영향을 끼친다. 그래서 외형적으로나 정신적으로 '정신없는'사람이라는 평가를 받기 쉽다.

　컴퓨터에는 '휴지통'이라는 것이 있다. 말 그대로 필요 없는 문서나 파일들을 버리기 위한 장치이다. 일단 휴지통에 버리고 난 뒤 '휴지통 비우기'를 누르면 모든 것이 깨끗하게 정리된다. 불필요한 파일들이 차지하고 있던 공간을 정리하고 나면 컴퓨터의 속도도 빨라진다. 자질구레한 파일들에 가려 여기저기에 파묻혀 있던 중요한 파일들도 쉽고 간단하게 찾을 수 있다.

때로는 우리도 마음과 머리의 '휴지통 비우기'를 적절하게 이용해야 되지 않을까 싶다. 입력이 되는 대로 파일들을 마구 쌓아놓은 채 제때 정리하지 않으면 마음과 머리가 '다운'되기 쉽고, 필요한 파일을 찾을 때마다 시간을 잡아먹기 일쑤이다. 컴퓨터를 효율적으로 사용하기 위해서는 일정한 여유 공간을 유지해야 하듯, 우리의 마음도 적당히 비워두어야 한다.

실제로 보통 사람들보다 많이 중얼거리는 사람들은 그렇지 않은 사람들보다 더 똑똑하다는 연구결과도 있다. 그러므로 어쩌면 그다지 심각하게 걱정할 필요가 없을지도 모른다. 하지만 자신에게 '묻고 답하기'가 다른 사람의 눈에 이상하게 비칠 정도라면, 의사를 찾아가기 전에 해볼 만한(?) 가장 간단하고 쉬운 방법으로 명상이나 요가를 권하고 싶다. 이러한 활동은 끝도 없이 이어지는 고민과 의심, 터무니없는 자책들로 어지러운 우리의 마음을 진정시키고, 고요하고 평화로운 순간을 맛보게 해준다.

이런 아침의 고요 속에서 행하는 30분간의 명상으로도 우리는 그날 하루를 평온하게 지낼 수 있다. 단 30분만으로도 말이다.

잠깐 동안 긴장을 푸는 데 음악 감상도 꽤 효과적인 방법이다. 어떤 사람들에게 가사가 있는 음악이, 어떤 사람들에게는 연주곡이 효과가 있다. 귓가에 들려오는 음악에만 정신을 집중하고 자신의 마음속에 퍼져나가는 음파의 물결에 완전히 자신을 내맡겨보라. 그리고 따뜻한 물로 지칠 대로 지친 몸을 씻어내듯, 지친 마음을 닦아라.

격렬한 운동 또한 스트레스를 해소하고 끊임없이 생겨나는 내부의 혼란을 잠재우기에 좋은 방법 가운데 하나이다. 조깅, 자전거 타기, 수영, 혹은 라켓볼 같은 운동이 적당하다.

무엇보다 중요한 것은 온갖 세상만사에서 벗어나 자기만의 텅 빈 시간을 마련하는 일이다. 자기만의 생각에 빠지라는 것이 아니라, 그저 몸을 편안히 하고, 머리를 텅 비운 채로 몇 시간, 아니 단 몇 분만이라도 혼란과 무질서의 세계에서 벗어나보라. 그런 후에는 더 명확하고 차분하게 생각할 수 있을 것이다.

자신의 잠재력을
발견하고 발전시키는 방법 2

6. 실패를 두려워하지 않기
실패를 성장의 기회로 여기고, 실패에서 배우는 자세를 가지세요.

7. 자기 계발서 읽기
지혜와 영감을 얻기 위해 다양한 자기 계발서를 읽으세요.

8. 멘토 찾기
경험 많은 멘토의 조언과 지도를 받아 성장의 방향성을 잡으세요.

9. 긍정적 사고 유지하기
긍정적인 마인드로 어려움도 기회로 바꾸세요.

10. 꾸준한 연습과 실천
지속적인 노력을 통해 잠재력을 현실로 만드세요.

36. 거울에 비친
나 자신을 바라본다

거울 앞을 그냥 지나치지 않는다. 그다지 외모에 신경 쓰는 성격도 아닌데 거울 앞을 지나갈 때는 반드시 내 모습을 바라본다. 때로는 나도 모르게 거울에 비친 나 자신을 물끄러미 쳐다보는 경우가 있는데, 사실 내 모습이 그다지 마음에 들지 않은 경우가 많다. 내가 아닌 다른 누군가가 거울 속에서 나를 바라보고 있는 것 같다.

이러한 행동이 단순히 외적인 허영심 때문에 나타난다고 할 수는 없다. 스스로를 보잘것없는 사람이라고 생각하다 보면 자신이 한없이 왜소한 인간이라는 느낌을 받게 된다. 마치 몸뚱이가 없어져버린 듯한 착각 때문에 거울에 비친 모습을 통해 자신의 존재를 확인하는 것이다.

이러한 사람의 내면에는 투명 인간이 되어버린 것 같은 공허함이 자리하고 있다. 그래서 거울을 들여다보지만, 때로는 자신의 기대와는 달리 너무나 초라한 몰골을 한 사람이 자신을 바라보고 있다. 심지어 자신의 사진을 보다가 문득 "이건 나하고 조금도 안 닮았어!"하고 비명을 지르기도 한다.

이 경우에는 자신에 대해 가장 마음에 드는 10가지 목록을 만들어보는 게 도움이 될 수 있다. 목록을 만들 때는 자신을 다른 사람들과 구별 짓는 내적인 장점, 즉 거울에는 결코 비치지 않는 측면에 초점을 맞춘다. 예를 들면 '나는 대단한 상상력을 가졌어', '업무를 분석하고 마감 시간을 정하는 데 천부적인 자질을 발휘하지', '지난번에 이웃집 사람을 확실하게 도와주었지' 하는 식으로 나열해본다.

10가지를 모두 채우는 데 시간이 많이 걸려도 상관없으며, 아무리 사소한 것이라도 무시해서는 안 된다. 목록을 다 완성하고 나면 그걸 눈에 잘 띄는 곳에 붙여놓고 자주 읽어보는 습관을 들인다. 이런 행동을 통해서 스스로가 가장 초라하게 느껴지는 순간에 자신의 참된 가치를 다시 한 번 상기할 수 있다.

한 달에 한 번 정도 이 목록을 다시 작성하도록 하자. 자신이 가장 좋아하는 것을 나열하되 매번 새로운 사항을 추가하기 위해 노력을 기울일 필요가 있다.

거울을 통해서 자신의 모습을 확인하고 이를 자기 확인의 유일한 수단으로 사용하는 것은 인정을 받거나 칭찬을 듣는 등 다른 사람에게 긍정적인 평가를 듣는 것을 어색해한다는 의미일 수도 있다. 그렇다면 칭찬 뒤에 어떤 의도가 숨겨져 있을지도 모른다고 의심하거나 그저 무시해 버리지 말고, 그 칭찬을 있는 그대로 받아들이는 법을 배워야 한다.

예를 들어, "회의 시간에 그런 차트를 활용하다니 정말 대단한 일을 했어"라는 칭찬을 들으면, "고맙습니다만 그건 아무것도 아닙니다. 시간만 조금 더 있었다면 정말 더 멋지게 해낼 수 있었을 겁니다" 하고 대답하는 대신에 그저 간단하게 "감사합니다"라고 대답하면 된다. 자신을 인정해주고 칭찬하는 사람들을 괜히 불편하게 만들 필요는 없다.

우리는 때로 자신의 감정을 해석하기가 어려울 때, 거울에 자신의 모습을 비춰보며 자신의 감정을 확인한다. 겉모습을 통해 자신의 감정을 확인하고자 하는 것이다.

자신의 감정을 받아들인다는 것은 좋건 나쁘건 모든 감정을 인정한다는 의미이다. 극장에서 슬픈 영화를 볼 때는 다른 사람들처럼 펑펑 울어버리자. 직장에서 갑자기 무언가 재미있는 생각이 떠오르면, 다른 사람의 눈치를 볼 것 없이 큰 소리로 웃어버리자. 고속도로에서 누군가가 염치없이 끼어들면, 기분 나쁜 감정이 가라앉을 때까지 있는 힘을 다해 그냥 자기 자신에게라도 고함을 지르거나 주먹으로 핸들을 내리치자. 일단 자신의 감정을 자연스럽게 인정하면 더 이상 기분을 전환하기 위해 거울을 들여다볼 필요가 없을 것이다.

자신의 잠재력을
발견하고 발전시키는 방법 3

11. 자기 반성하기
  정기적으로 자신의 행동과 성과를 돌아보며 개선점을 찾으세요.

12. 목표 시각화하기
  성공하는 모습을 상상하며 동기 부여와 자신감을 높이세요.

13. 시간 관리 능력 키우기
  효율적인 시간 배분으로 더 많은 성과를 내세요.

14. 자기 자신에게 도전하기
  편안한 영역을 벗어나 새로운 경험에 도전하세요.

15. 스트레스 관리하기
  명상, 운동 등으로 마음을 안정시키고 집중력을 높이세요.

37. 다른 사람의 부탁을 거절하지 못한다

> 평소에 별로 좋아하지 않던 사람이 집까지 태워달라고 하면 태워다준다. 같이 있는 것조차 참기 힘든 사람이 만나자고 하면 그냥 거절하지 못하고 약속을 정한다. 내키지 않는 일에 돈과 시간을 낭비한다.

남의 부탁을 거절하지 못하는 사람들은 남에게 사랑받고 인정받고자 하는 무의식적 욕구가 강한 편이다. 누구라도 자신을 싫어하는 것은 견딜 수가 없다. 그래서 무리한 부탁까지 다 들어주려고 애쓴다.

의외로 우리 주변에는 이런 사람들이 많다. 이들에게는 '사람 좋다'는 말이 늘 따라다닌다. 어디에서나 누구에게나 무슨 부탁이든 쉽게 들어주는 사람으로 통한다. 실제로도 다른 사람의 부탁을 거절하는 법이 없다. 아무리 힘든 일이라도 자기가 할 수 있는 한, 아니 다른 사람에게 부탁을 해서라도 일을 해결해 주려고 애쓴다.

가령 옆 사람이 지우개를 빌려달라고 하는데 지우개가 없으면 그냥 '지우개가 없다'고 말하지 않고 다른 사무실까지 가서 지우개를 직접 찾아다주는 식이다. 별의별 자질구레한 일까지 신경 쓰다 보니 정작 자신의 일은 뒷전이다. 게다가 별것 아닌(?) 부탁을 한 상대방은 그다지 고마워하지도 않는 것 같다.

물론 다른 사람을 돕는 것은 좋은 일이다. 그러나 그것도 정도가 있다. 무슨 일이든 정도가 지나치면 병이 되기 마련이다. 남의 뒤치다꺼리나 하고 있는 자신을 한심하게 느끼면서도 감히(?) 'NO'라고 말하지 못한다. 그렇게 했다가 상대방이 나를 싫어하게 되면 어떻게 하나 하는 불안감 때문에 힘들고 어려운 상황에서도 최선을 다하려고 노력하는 것이다. 게다가 지금까지는 사람 좋기로 유명했는데, 새삼스럽게 안면을 바꾸는(?) 것도 그리 쉬운 일이 아니다.

이런 사람들은 다른 사람이 자신에게 감당할 수 없을 만큼 친절을 베푸는 것도 부담스러워 한다. 친구로부터 특별한 의미가 담긴 선물을 받아도 약간은 부담이 된다. 더구나 내가 보답하기 어려운 정도의 선물을 받으면 불편한 마음이 더욱 커진다. 스스로 그럴 만한 가치가 없다고 생각하기 때문이다. 그들의 호의를 받아들이는 대신에 무언가 보답을 해야 마음이 편하다. 그렇게 해야 자신이 이기적이고 무례한 사람으로 여겨지지 않는다고 생각한다.

그래서 정말 싫어하는 사람이라도 재빨리 도와준다. 좋아하는 사람이건 아니건 상관없다. '참 친절하기도 해라. 당신은 정말 좋은 사람이야'라는 소리를 듣고 인정받는 것이 내 자존심을 지키는 데 가장 중요한 일이기 때문이다. 알지도 못하는 누군가로부터 안 좋은 말을 들어도 하루 종일 기분이 언짢거나 심지어 일주일 내내 기분이 나쁜 경우도 있다. 감사 편지를 받으면 그 편지에 답장을 보내야 직성이 풀린다.

자아가 건강한 사람은 자신에게 일어나는 일이나 사람들에 대해 객관적으로 인식하고 판단할 수 있다. 자신에 대해서도 마찬가지다. 자기를 있는 그대로 받아들이고 다른 사람들의 평가에 매달리지 않는다. 그러나 자아가 약한 사람은 다른 사람의 기대와 요구에 따라 자신의 가치를 판단한다. 즉 다른 사람의 기대에 부응하지 못하는 것을 실패로 간주하는 것이다.

이러한 증상이 자신의 삶을 방해할 정도라면 즉시 잘못된 습관에서 벗어나야 한다. 증세가 정말 심각하다면 전문적인 치료를 받아야겠지만 약간의 압박감이나 부담 정도라면 일상의 작은 훈련만으로도 극복이 가능하다.

우선 거울에 비친 자신을 향해 'NO'라고 말하는 연습을 시작해본다. 직장에서 자기 일도 아닌데 내일까지 보고서를 작성하고 30매씩 복사하여 나눠주는 일을 해달라는 부탁을 받았다고 가정하자. 그 터무니없는 요구를 들어줄 경우 자신이 얼마나 시간을 낭비하게 되고, 고통받게 될지 떠올릴 수 있을 것이다. 그렇다면 당신이 해야 할 일은 한 가지뿐이다. 거울 속의 자신을 똑바로 바라보면서 자신감에

찬 어조로 조용히 '안 된다'라고 말해본다. 설령 거절한다 하더라도 자신에게 끔찍한 상황은 벌어지지 않는다는 사실을 명심하자.

이렇게 한다고 해서 자신이 지킬 박사에서 하이드로 순식간에 변하는 것은 아니다. 사리에 맞지 않는 요청을 거절했으니 당신의 주장은 일리가 있고, 부탁을 한 상대방은 처음에는 어리둥절하겠지만 곧 당신의 입장을 받아들일 것이다. 설명이나 변명을 하려고 애쓸 필요도 없다. '안 된다'는 말 한마디로 당신의 의사 표시는 확실해졌으며 할 말은 다한 것이다.

이런 연습이 익숙해지고 편안해지면 다른 사람과 함께 있는 자리에서 이를 실제로 실행해본다. 일단 가까운 친구나 동료처럼 편안하게 얘기할 수 있는 상대를 찾아 '안 된다'고 말하는 연습을 한 후 이를 차츰 이해관계가 얽힌 중요한 일에까지 적용시킨다.

그러나 모든 부탁을 그 자리에서 무 자르듯이 거절하는 감정 없는 괴물이 되라는 말은 아니다. 단지 자신의 의견도 중요하며 그만큼 존중되어야 한다는 사실, 그리고 자신의 입장에 서는 법을 배우라는 것이다. 이는 자신의 선의를 이용당하지 않고 적절하게 사용할 수 있는 판단력을 키워줄 것이다. 그저 공짜로 차를 얻어 타려고만 하는 사람 대신에 정말 도움을 줄 만한 가치가 있는 사람을 도와주는 편이 훨씬 낫지 않겠는가?

강하다는 것은 자신의 능력과 한계를 알고 있음을 의미한다. 사람들이 자신을 좋아하게 만들기 위해 그들에게 아부하며 '동네북'이 될 필요는 없다. 진정한 친구는 무엇을 할 수 있고 무엇을 할 수 없는지 알고 있으며, 당신이 어떤 한계에 부딪히면 이를 깨우쳐서 도움을 주고자 할 것이다.

부탁을 거절해야 할 때 이런저런 사과를 한다거나 변명을 늘어놓을 필요는 없다. 다만 이렇게 간단하게 말하면 된다.

"미안하지만 지금은 도울 수가 없어. 다음에 해줄게.", "할 수 있다면 당신을 돕고 싶지만 미안하네요."

자신의 잠재력을
발견하고 발전시키는 방법 4

16. 피드백 적극 수용하기
타인의 조언을 겸허히 받아들이고 발전의 기회로 삼으세요.

17. 창의력 개발하기
새로운 아이디어를 탐구하고 실험하는 습관을 가지세요.

18. 자기 효능감 키우기
작은 성공 경험을 통해 자신감을 쌓으세요.

19. 적극적 태도 유지하기
어떤 상황에서도 적극적으로 임하며 기회를 잡으세요.

20. 건강한 생활습관 유지하기
신체적, 정신적 건강이 잠재력 발휘의 기본입니다.

38. 자신의 일을 제쳐두고 남의 일에 팔을 걷어붙인다

다른 사람을 위해서 나 자신의 욕구는 묵살한다. 나의 도움을 필요로 하는 사람이라면 누구든 그 사람을 위해서 내가 원하는 것을 포기하고 계획을 변경한다. 누군가가 도움을 요청했을 때 아무것도 해주지 못하면 마음이 불편하고 때로는 내가 하고 있는 모든 일을 중단하면서까지 친구를 도와준다.

다른 사람을 돕는 일, 즉 이타주의는 인간이라면 누구나 추구해야 할 삶의 기본적인 자세다. 서로에 대한 배려와 도움의 손길은 '그래도 세상은 여전히 살맛난다'는 믿음을 잃지 않게 해준다.

그러나 다른 사람을 위해서 자신의 이익을 무조건 무시한다면 이것은 단순히 남을 돕는 문제로 그치지 않는다. 그 이면에는 이타주의와는 완전 다른 심리가 숨어 있다.

다른 사람의 문제에 정신을 쏟는 만큼 자신의 문제를 무시해버릴 수 있기 때문이다. 자신의 인생에 대해 힘들게 고민하는 것보다 다른 사람의 일에 대해 충고하는 것이 훨씬 쉬우니까.

극단적인 경우에는 자신의 인생을 전부 다른 사람을 위해 바친다. 자신의 인생에서는 아무것도 이룰 수가 없다고 판단하고는 자신을 포기하고 다른 사람에게 봉사한다.

이것은 자기 자신을 희생하며 인류에게 봉사하는 사람들과는 전혀 다른 차원의 문제이다.

헌신적인 삶을 살아가는 사람들은 오직 어려움에 처한 사람들을 위해 봉사하는 것을 인생의 목표로 삼아 이를 통해 삶의 의미를 찾고 기쁨을 맛본다. 진정한 자신을 찾기 위한 길을 가는 것이다.

그러나 자신의 가치를 형편없이 낮게 평가하거나 열등감에 시달리는 사람들은 단지 다른 사람의 눈을 의식하여 그 의견을 좇을 뿐이다. 그 속에는 진실한 내가 없다. 남이 바라보는 내가 있을 뿐이다.

이러한 사람들은 하찮은 일이라도 다른 사람에게 도움을 줄 수 있다는 사실에 대해 보람을 느끼고, 이를 통해서 자신의 존재 가치를 확인한다. 사람의 가치는 그 사람이 다른 사람에게 얼마나 중요한 존재로 인정받는가의 여부에 달려 있다고 믿는다. 그래서 자신이 다른 사람들에게 이익을 줄 수 있는 사람이라는 사실에 기쁨을 느낀다. 이와는 반대로 자신에게 도움을 요청하는 사람이 누구든지 그를 도와주지 못하면 말할 수 없이 기분이 나빠진다.

누군가를 위해 팔을 걷어붙이기 전에 스스로에게 이렇게 물어보자. '내가 이 일을 하는 이유가 진정으로 좋아서인가 아니면 그 사람으로 하여금 나를 좋아하게 만들려고 하는 것인가?' 마음에서 우러나오는 것이 아니라 단지 다른 사람에게 인정받기 위해 베푸는 선행은 금방 한계에 부딪히게 마련이다. 누군가를 도와주려는 동기가 그 사람으로 하여금 자신을 좋아하게 만들려는 것이거나 좋은 평판을 얻는 데 있다면 아예 시작하지도 말아야 한다.

자신에게 있어서 가장 중요한 목표들은 무엇인지, 왜 그것들이 자신에게 중요한지를 적어보라. 그리고 목표를 이룩하고 인생이 선사한 선물을 즐기는 자신의 모습을 상상해보라.

자신의 잠재력을 발견하고 발전시키는 방법 5

21. 감사하는 마음 갖기
감사하는 태도는 긍정적 에너지와 잠재력을 끌어올립니다.

22. 새로운 도전 시도하기
익숙하지 않은 일에 도전하며 성장의 폭을 넓히세요.

23. 자기 자신을 격려하기
스스로를 칭찬하고 격려하는 습관을 가지세요.

24. 리더십 능력 키우기
팀을 이끄는 경험을 통해 잠재력을 발휘하세요.

25. 유연성 갖기
변화에 적응하며 새로운 기회를 포착하세요.

39. 다른 사람과 나 자신을 끊임없이 비교한다

"나는 너보다는 크고 그 여자보다는 작아.", "네 차가 더 좋기는 하지만, 너는 나처럼 운전을 잘하지는 못해.", "나는 기분에 따라 능률이 차이가 나지만 그 사람은 꾸준한 것 같아.", "네가 만든 음식도 맛있지만, 내가 만든 것도 한번 먹어보지 그래.", "유머감각은 내가 더 낫지."

필연적으로 다른 사람과 관계를 맺고 살아가는 우리는 결코 '비교'의 함정을 벗어나지 못한다. 행동이나 성공여부에서부터 몸무게, 키, 외모 등 온갖 것을 타인이라는 잣대에 맞추어 자신을 판단한다.

물론 비교가 반드시 나쁜 것만은 아니다. 자칫 나태해지기 쉬운 우리에게 긴장감을 불어넣어 주고, 새로운 가능성을 향해 나아갈 수 있는 기회로 작용하기도 한다. 그러나 우리는 타인이라는 거울을 부정적인 의미로 이용하는 경우가 더 많다.

비교는 실질적인 자기 발전이 없어도 자신이 더 나아진 것처럼 판단하는 기회를 마련해 주기도 한다. 다른 사람의 처진 모습을 자신의 발전인양 착각하는 것이다. 이렇게 하면 스스로 일구어낸 결과물에 따라 자기 발전 정도를 측정할 필요가 없다. 상대방을 평가 절하함으로써 자신의 현재 모습에 만족하려고 하는 것은 아닌지 생각해보라.

언제 어디서나 누구를 만나기만 하면 재빨리 자신과 비교하지만 막상 실질적인 경쟁은 피하고 싶어 하는 사람에게, 경쟁은 자아에 상처를 남긴다. 하지만 비교할 만한 대상을 제대로 선정하기만 하면 자신이 원하는 결과를 얻어낼 수도 있다. 스스로 자신감을 갖고 싶으면 자기보다 못한 사람과 비교하고, 자기 비하를 하고 싶으면 자신보다 나은 누군가를 찾아내서 비교하면 되기 때문이다.

'남보다 낫다'는 사실은 우리에게 안도감을 준다. 때로는 결코 옳다고 할 수 없는 행동을 정상화하는 데도 비교의 거울을 들이민다. 교통신호를 무시하면서 "남들도 다 그러는데 뭘?"이라고 말하는 것도 여기에 해당한다. 혹은 남편을 속이고 외간남자를 만난 것에 다소 죄책감을 느끼면서도 결혼 후 여섯 번씩이나 바람을 피운 이웃집 여자에 비하면 그다지 나쁜 것도 아니라고 스스로에게 변명하는 식이다.

반대로 자기 비하를 하고 싶은 기분이 들면 자신보다 성공한 사람과 자기를 비교하면 된다. 방법은 아주 간단하다. 그야말로 아무 짓도 하지 않고서도 자신을 비참하게 만들 수 있는 것이다. 비교의 상대가 누구냐에 따라 기분이 좌지우지되고, 천국과 지옥을 왔다 갔다 한다.

만일 비교의 유혹을 느끼게 되면 먼저 '얼마나 정확한 기준을 가지고 비교를 하는지, 단지 위안을 얻기 위해서 그러는 것은 아닌지, 아니면 나보다 뛰어난 사람과 나를 비교해서 자신이 세운 목표를 향한 노력 자체를 포기하려고 하는 것은 아닌지' 스스로 질문을 던져보라. 예를 들어서 '차는 그 사람 것이 더 좋지만, 운전은 내가 더 잘해'라는 식의 비교의 이면에 숨어 있는 자신의 진정한 감정이 무엇인지 생각해보는 것이다.

정말로 자신이 부족하다고 생각한다면, 다른 사람이 가진 것을 통해 판단하지 말고 있는 그대로 약점을 인정하는 자세가 필요하다. 친구가 좋은 차를 가지고 있다거나 이웃집 부인은 요리솜씨가 좋다는 사실 또한 있는 그대로 받아들여라.

그러고 나서 누구와도 비교할 수 없는 자신만의 특성이 무엇인지 떠올려보라. 다른 사람과는 뚜렷하게 구분되는 자신만의 장점에 대해 감사하는 마음을 키운다면 다른 사람을 질투하거나 아무개만도 못한 자신의 처지를 원망하면서 스스로를 괴롭히는 어리석은 일은 반복하지 않을 것이다.

자신을 낭떠러지로 몰고 가는 생각이 솟을 때마다, "하지만 나의 좋은 점은?"이라고 덧붙임으로써 생각의 방향을 바꾸어본다. 예를 들어, "제는 친구를 쉽게 사귀는데, 나는 사람들한테 말 걸기조차 힘들어"라며 친구와 자신을 비교하지만 말고 이렇게 덧붙인다. "그렇지만 나는 한 번 사귄 친구는 정말 소중하게 생각해."

나이가 단순이 비교하는 데서 그치지 말고 '이 사람으로부터 어떤 점을 배울 수 있을지'를 잘 살펴보라. 아무리 사소한 것이라도 사람에게는 누구나 배울 만한 점이 한 가지씩은 있기 마련이다. 상대의 아름다움을 시기하지만 말고 자신이 정말 그녀에게 감탄하는 점은 무엇이며, 무엇을 배울 수 있는지(화장법이든, 꾸준한 운동습관이든) 찾아보고 그대로 실천해보라. 언젠가는 다른 사람으로부터 부러움의 시선을 한몸에 받는 매력적인 모습의 자신을 발견하게 될 것이다.

자신의 잠재력을
발견하고 발전시키는 방법 6

26. 목표 재조정하기
상황에 맞게 목표를 유연하게 수정하세요.

27. 자기 계발 강좌 참여하기
전문성을 높이기 위해 교육과 강좌를 수강하세요.

28. 자기 표현력 향상하기
명확하게 자신의 생각과 감정을 전달하는 연습을 하세요.

29. 작은 성공 축하하기
작은 성취도 인정하고 자신을 격려하세요.

30. 끊임없이 질문하기
궁금한 점을 묻고 배우려는 자세를 유지하세요.

40. 새로운 상황이 생기는 것을 바라지 않는다

> 다른 회사에서 스카우트 제의가 들어왔다. 급여나 업무환경이 현재보다 훨씬 나은 조건이다. 그만큼 많아진 책임 때문에 그 제안을 거절한다. 더 나은 상황을 위해서 기회를 만들고 싶지만, 다른 한편으로는 현재 상황이 그대로 이어지기를 바란다.

우리는 누구나 무엇을 입을 것인가에 관한 문제부터 무슨 말을 할 것인지에 이르기까지 매일 수백 가지의 결정을 내린다. 어떤 결정들은 거의 순간적으로 이루어지지만, 어떤 일들은 몇 분, 몇 시간, 몇 주, 몇 달, 몇 년, 심지어 평생 동안 심사숙고해야 하는 경우도 있다.

선택의 갈림길에서 서서 이러지도 저러지도 못하고 망설이거나 아예 선택의 순간과 맞닥뜨리는 것 자체를 피하는 사람들이 있다. 자신에게 익숙한 길로만 가려고 하지 새로운 가능성이 열려 있는 '가보지 않은' 길은 외면하려고만 드는 사람들이다.

대개는 새로운 책임을 받아들이기를 두려워하기 때문에 회피한다. 자신이 현재 처한 위치와 자신의 존재에 대해서 외부적인 영향을 받는다고 생각한다. 자신의 인생이 자기 손에 달려 있지 않다고 믿기 때문에 새로운 책임을 받아들일 만한 의욕이 줄어드는 것이다.

하지만 성장하고 진보하기 위해서는 변화가 필요하다. 변화란 새로운 책임의 시작을 의미하기도 한다. 더 나은 것으로 향상시키기 위한 변화는 긴장을 초래할 수 있으며 긴장은 곧 고통을 의미한다. 이럴 경우, 기존의 편안한 상황과 다가올 미지의 세계 사이에서 갈등을 일으킬 수도 있다.

게다가 새로운 책임을 받아들인다는 것은 다른 무언가를 포기해야 함을 의미하는 경우가 많다. 지금까지 자신이 어렵게 쌓아온 인간관계나 조직에서의 위치를 버리고 또다시 새로운 환경 속으로 자신을 밀어 넣는 것이 쉽지는 않을 것이다. '알고 있는 것', '익숙한 것'을 포기한다는 것은 사실 어려운 일이다.

변화를 두려워하고 제자리에서 움직이려 하지 않는 것은 근본적으로 자아와 관련되어 있다. 어찌됐든 새로운 상황이 생기면 자신의 능력이 시험대에 오르게 된다. 자의식이 강한 사람은 이것을 자신의 능력을 발휘하는 기회로 삼지만, 자의식이 약한 사람은 실패의 위험이 뒤따르는 일에 뛰어들기보다는 그저 현재에 만족하며 지금 하는 일에서만큼은 능력이 있다고 생각하고 싶어 한다.

그리고 책임을 피하려는 무의식적인 생각을 정당화시키기 위해서 다른 핑계거리를 만들어낸다. "서른다섯 살이 지나면, 결혼할 기회가 없어지는 거야"라거나 "모든 좋은 아이디어는 이미 누군가가 생각해 냈을 거야"라고 말함으로써 아예 시도조차 하지 않는 자신의 비겁함을 가리려 애쓴다.

'배는 항구에 있으면 안전하지만, 항구에 있기 위해 만들어진 것은 아니다'라는 속담이 있다. 마찬가지로, 절대 변화를 추구하지 않는 사람은 당장은 편할지 모르나, 그것만으로는 결코 행복할 수가 없다.

우리가 행복하기 위해서는 성장하고 배우고 다음 단계를 밟아나가는 과정이 필요하다. 책임에 대한 부담을 느끼지 않고 자신이 현재에 충실했기 때문에 새로운 가능성이 눈앞에 열렸으며, 잘해냈기 때문에 그에 대한 보상으로 자신에게 책임이 주어진 것이라고 생각하라. 주변의 인정을 받지 못한 사람에게는 기회가 주어지지 않는다.

그렇다고 모든 책임을 모두 떠맡으라는 얘기는 아니다. 자신의 인생에서 보다 큰 성취감을 맛볼 수 있는 기회를 단지 책임이나 현재에 대한 아쉬움 때문에 놓쳐서는 안 된다.

자신의 잠재력을
발견하고 발전시키는 방법 7

31. 자기 주도적 학습 습관 만들기
스스로 학습 계획을 세우고 실천하세요.

32. 감정을 조절하는 법 배우기
감정을 통제하며 집중력을 높이세요.

33. 자신의 가치관 확립하기
명확한 가치관이 잠재력을 발휘하는 기반이 됩니다.

34. 긍정적 환경 조성하기
자신을 지지하는 환경에서 성장하세요.

35. 꾸준한 자기 개발 목표 세우기
장기적 목표를 세우고 지속적으로 노력하세요.

36. 자신의 한계 인정하기
한계를 인정하되, 극복하려는 노력을 병행하세요.

37. 자기 자신에게 솔직하기
진솔한 자기 평가로 발전 방향을 찾으세요.

38. 감사하는 마음으로 도전하기
감사하는 마음으로 새로운 도전에 임하세요.

39. 성장하는 자신을 믿기
자신의 잠재력을 믿고 끊임없이 도전하세요.

40. 꾸준한 실천과 인내심 갖기
지속적인 노력과 인내로 잠재력을 현실로 만드세요.